REINA

DEL

AMOR

REINA

DEL

AMOR

Porque el amor si puede con todo, se la
reina de tu reino.

LIDIA VIVES

Título: *Reina del amor*
© 2020, Lidia Vives

De la maquetación: 2020, Romeo Ediciones
Del diseño de la cubierta: 2020, Romeo Ediciones

Primera edición: junio 2020
ISBN-13: 978-84-18489-11-2

Impreso en España

AGRADECIMIENTOS

Mi agradecimiento absoluto en este, el último libro de la tribología *c a n t a r e s a l a l i b e r t a d ,* es para aquellas personas que más allá de la historia o de cómo está escrita, han sabido ver el mensaje.

También agradezco a los que no les ha llegado el mensaje, pero aun así han sabido continuar, llegará a su debido momento.

Agradezco la posibilidad que se me ha dado de expresar mis sentimientos a mi modo, de tú a tú, para ti.

Y te agradezco a ti, que has llegado hasta aquí.

Con amor,
LIDIA VIVES.

INDICE

AIDIL, REINA DEL AMOR

Me llamo Aidil, pero no siempre fui quien soy.

En la vida pasamos muchas cosas que, si las sabemos ver, nos hacer crecer y ser quien hemos venido a ser.

Los años han pasado por mi vida rápidamente, me siento feliz hoy desde mi cama en mi lecho de muerte.

En mi mente se agolpan los recuerdos de quien fui, en qué me convertí y en lo feliz que he sido.

Estoy a punto de morir y me siento feliz.

Sí, por extraño que te parezca, he vivido una vida plena, he sido feliz y he dado lo mejor de mí a quien lo necesitaba.

Sí, me siento feliz y doy gracias por ello.

La historia de mi vida no es más que la de cualquier otra mujer, simplemente decidí que haría con mi vida lo que mi alma anhelaba y con ese propósito luché para conseguir aquello que me hacía feliz desde el amor más profundo.

Mi renacer fue cuando descubrí todo lo grande en sentimientos, sensaciones, deseos, todo lo que habitaba en mi interior y lo dejé salir al exterior. Me llamaron reina del amor, pero mi nombre no es más grande que el tuyo ni yo soy mejor, descubrí que todos tenemos en nuestro interior una grandeza que está deseando ser descubierta y que a veces ahogamos en nuestros miedos y morimos infelices, y vivimos más infelices todavía.

Quiero ser yo quien te cuente la continuidad de la historia, quiero hacerte ver cuáles fueron mis sentimientos y dejarlos escritos antes de morir.

Pero lo que más quiero es ayudarte a que entiendas que si yo fui una niña infeliz y pasé todas las amarguras que pasé y aun así me convertí en una mujer feliz, tú también puedes y debes serlo.

Es nuestro deber ser felices.

Te animo a serlo.

CAPÍTULO 1

MI NUEVA VIDA

Qué sensación tan grande sentía ese día que regresé a la cabaña de Rufos porque estaba segura que podía salvar a Trec, no me preguntes cómo, pero algo desde mi interior me decía que podía hacerlo.

Mi encuentro con John fue sin duda crucial en mi vida, regresé a él para perdonarle, me sentí libre con el perdón, segura y feliz.

Comprendo que es difícil entender que pueda perdonar a un ser que me hizo tanto daño, pero lo hice por mí. Fue un acto de egoísmo puro, necesitaba apartarlo de mi vida para siempre y con el perdón lo conseguí, la paz vino a mí.

Pero descubrí, sin buscarlo, que mi perdón también lo liberó a él.

Es por eso que decidí regresar a la cabaña, quería perdonar a Trec, perdonarlo de verdad, no solo de palabra.

Cuando puse las manos en su corazón sentí muchísimas cosas que no había experimentado antes, pero vi claramente lo que tenía en su interior. Fue justo en ese momento cuando lo pude perdonar, sentí lo que él había sufrido en mi interior y tuve compasión por él, le perdoné porque lo entendí.

Lo que había vivido en este tiempo me había hecho más fuerte, lo notaba en mí, en la manera de caminar más erguida con seguridad, pero al mismo tiempo me había hecho más sensitiva a las sensaciones de los demás. Veía más allá de lo que la gente quería que viésemos, podía ver su interior.

Cuando despertó y me miró, vi claramente el agradecimiento sincero que sentía hacia mí, pero había algo más en ellos, en sus ojos, eso nos daría problemas, pero, aun así, lo perdoné desde el corazón.

Debíamos regresar a nuestro mundo, allí nos esperaban nuestras gentes. Nos despedimos de Rufos y de Odi, pero no sentía pena, estaba segura que los volvería a ver. Eran parte ya de mi vida.

Caminar junto a Trec fue más incómodo para él que para mí, sabía que estaba enamorado de mí, sabía que me quería para él, pero también supe claramente qué tipo de amor era el que él ansiaba y no era yo la que se lo podía dar. Lo tendría que buscar dentro de él.

Recuerdo ese día perfectamente porque me sentí plena, era una sensación que se apoderaba de mi cuerpo, me sentía grande, pero con los pies en la tierra, había aprendido algo muy importante en la vida y me enorgullecí por ello.

EL PERDÓN NOS HACÍA LIBRES.

Así me sentí libre de cadenas. Dispuesta a seguir aprendiendo.

Caminaba deseosa de encontrar el enlace, de cruzar la barrera y encontrarme con mi amado hijo y con Drog.

No es que de repente, así sin más, supiera dónde estaba la puerta, no lo sabía, pero sabía que a mis pies me sería puesto el enlace. Estaba segura, solo tenía que caminar con fe y certeza.

Recuerdo el momento en que lo vi, lo recuerdo porque en mi mente se quedó grabada para siempre su cara, con ella lo dijo todo.

Fue una mezcla de alegría, amor, pasión, deseo, sorpresa, pero vi admiración por mí en ellos.

Drog, gran guerrero y rey de Forward, sentía admiración por mí. He de confesar que esa sensación me gustó muchísimo.

Cuando me abrazó y me besó sentí que ya estaba en casa, sus brazos era donde yo quería estar, no tuve la menor duda. Lo amaba profundamente. Y noté que él me amaba profundamente.

Desperté de esas sensaciones al percibir, desde atrás, dónde se había quedado Trec, paralizado. Un halo de odio que perturbó en unos segundos lo que estábamos sintiendo.

Y así lo debió de sentir Drog porque en el mismo instante lo miró fijamente y tampoco era amor lo que ahora desprendía su cuerpo.

No había amor entre ellos.

El resto del camino fue muy silencioso, era preferible, aunque hay silencios que hablan por sí solos y este lo decía todo.

Qué sensación más maravillosa, a pesar de lo incómodo, sentí al cruzar el enlace.

Un Mundo Nuevo era un lugar verdaderamente bello, más incluso de lo que había visto en sueños, sus olores eran profundos embriagadores, mágicos.

Pero no fue eso lo que más me impactó, sentí en mi cuerpo algo que me poseía, como una fuerza que me hizo sentir más fuerte, más bella, más segura, más en todos los aspectos.

Sus caras también habían cambiado y sus cuerpos. Eran bellos, ese "más" también se veía reflejado en ellos.

Me miraban con los ojos muy abiertos, los dos.

No cabía duda que les gustaba lo que veían, por el deseo que sus miradas desprendían, de los dos nuevamente.

Y como mi camino recorrido era sin duda una enseñanza de sentimientos interiores e inseguridades ocultas y no tan ocultas, debo contarles, que ni todo era tan bello, ni yo tenía todo el camino hecho. Había mucho que aprender y lo supe cuando, en mitad del camino, Trec mencionó a Davyna, supuesta pretendiente de Drog.

Por supuesto que él lo hizo por molestarle, por crear discordia, ella no tenía en estos momentos ninguna importancia para Drog, pero descubrí algo nuevo en mí, no lo había sentido hasta ese momento. Los celos.

Me llevaba de la mano, mi amado, la apretaba fuertemente, como si no quisiera perderme nunca más y yo me atreví a tener celos. Había mucho que aprender todavía. Tenía que ganar en seguridad hacia mí misma y confianza hacia él.

Tuve tiempo de reflexionar sobre ello.

No hice ningún comentario al respecto, pero debí de apretar mi mano fuertemente porque Drog me miró y en silencio me calmó. Confía en mí, decían sus ojos.

Confiaba plenamente en él, pero entristecí porque tal vez era mi confianza la que no estaba todavía tan fuerte como debería.

Sentí celos por mi inseguridad. La falta de amor hacia mí.

Si yo sé quién soy y sé lo que quiero, nada debería cambiar o interferir en mi felicidad, sola o acompañada. Esto lo aprendí con el tiempo.

Estaba dispuesta a aprender y lo iba a hacer, otra vez, primero por mí y, después, por los míos.

Dejamos de mirarnos unos a los otros, no había tiempo que perder, una vida estaba esperando por nosotros y yo estaba dispuesta a vivirla.

Estaba deseosa de llegar a palacio por mi hijo, al fin lo tendría en mis brazos. Parecía que ya no podía aguantar un minuto más sin verlo, todo este tiempo sin él y ahora no aguantaba ni un minuto más.

Notaba como mis piernas, a pesar del cansancio, bajaban atolondradas, montaña abajo. Lo seguían a él, a Drog, sin mirar siquiera por donde pisaba.

Al llegar casi abajo, ya cerca de las puertas del palacio, se veía claramente que algo estaba pasando.

Cuando escuché los abucheos y chillidos de la gente, lo supe, fue como una premonición, no lo vería, no todavía.

La cara de Drog me lo confirmó.

Había problemas. Estaban todos muy alterados, no parecía que fuera buena idea cruzar entre ellos.

Gritaban agolpados en las puertas del palacio, estaban nerviosos y sería difícil hacerlos entrar en razón.

Recordé unas palabras que en mis sueños y vivencias habían sido importantes para mí.

LA GENTE FELIZ NO VIVE ENFADADA. Sin duda no eran felices, pero…

¿Qué los hacía ser tan infelices?

Estaba claro que para mí Un Mundo Nuevo era algo desconocido.

Cierto es que siempre pensé que aquí reinaría la paz y la armonía, había imaginado, por mi necesidad de sosiego, que aquí todo sería distinto.

Pero tampoco me sorprendió lo que ahora veían mis ojos. En mi pueblo era habitual ver a la gente infeliz, peleaban por cualquier minucia. No era nuevo para mí.

Me llamó mucho la atención, desde lo lejos, ver a dos niños entre la multitud, gritaban con fervor, parecían convencidos de lo que decían por el entusiasmo que ponían en ello.

Sin darme cuenta y con la mirada puesta en ellos, me alejé de Drog y de Trec.

Lo confieso, sentí mucha curiosidad por lo que a ellos les podría atormentar.

Me mezclé entre la gente, eran muchos más de los que me habían parecido desde lo lejos.

Nadie sabía quién era yo, así que no tuve problema de mezclarme entre ellos.

Esos niños gritaban "libertad".

¿Eran acaso esclavos?, ¿se sentían esclavos?

Sentí un gran dolor por ellos, ningún niño debería sentirse infeliz y menos esclavo o falto de libertad.

CAPÍTULO 2

LUCHAS INTERNAS

—¿Dónde están tus padres, muchacho? —le pregunté a uno de ellos.

Me dio por respuesta una fuerte patada en la pierna que me mantuvo doblegada durante varios minutos.

Al levantar la vista habían desaparecido los dos. Como un acto reflejo quise tocar mi medallón ¿y cuál fue mi sorpresa?, había desaparecido.

Los busqué rápidamente con la mirada entre la multitud, había demasiada gente, me adentré rápidamente entre ellos, tenía que verlo, el medallón era muy importante para mí.

Caminé un rato buscando, estaba desesperada por verlos, sabía que habían sido ellos, lo supe en el momento que vi que no lo llevaba en mi cuello.

Los vi a lo lejos girar una esquina de una calle estrecha, corrí hacia ellos sin pensar que tal vez Drog me estaría buscando.

Se metieron en una casa que tenía un portal con unas grandes macetas.

Escudriñé por la ventana, pero no se veía nada, salía un gran silencio de la casa y parecía deshabitada.

Empuje suavemente la puerta y se abrió con facilidad, en silencio, sin decir palabra, me adentré en ella.

Ahora sí oía unos leves murmullos. Me acerqué más sin hacer ruido.

—El rey, siempre ha sido bueno con nosotros, es verdad que nada nos falta, pero tenemos derecho a poder decidir por nosotros mismos. Nuestra vida está programada desde que nacemos hasta que morimos y así pasamos por la vida sin ser vistos, sin sentirnos realizados.

Sabía perfectamente de lo que estaban hablando, pero estaba segura que ellos desconocían la magnitud de lo que estaban diciendo. Lo que deseaban, lo debían buscar en ellos.

Toda mi vida había sentido esos vacíos. Ahora sabía cómo llenarlos, había aprendido que no dependía de nadie, solo dependía de mí.

¿Estarían ellos dispuestos a trabajar por llenarlos?

LIBERTAD. Habían estado viviendo en una cárcel de barrotes invisibles.

LOS QUE NOS PONEMOS NOSOTROS AL DECIDIR CUÁLES SON NUESTROS LÍMITES.

Salí de la casa sin mi medallón, pero con la convicción de que había sido el destino que hasta allí me había llevado.

No estaban peleando por el poder, querían llenar vacíos. Era el alma el que les hablaba, tal vez se habían pasado años en silencio o sin ser escuchados, o más bien sin ser guiados.

Vivían programados.

Regresé por el mismo lugar por donde había venido, desde abajo vi a Drog en la montaña, me había visto y me hacía señales para que regresara con él.

Corrí en su busca, deseaba entrar.

Supe que no quería más vacíos en mi vida, pero tampoco en la de ellos, tal vez yo podría ayudarlos.

Qué varonil me parecía Drog cuando se alteraba.

Ya sé que no era el momento, pero me subió por el estómago un cosquilleo que me costó controlar, también sé que él lo notó. Fue recíproco. Cambió rápidamente la mirada y me puso esos ojos de deseo que no ayudaron a que calmara mi deseo.

Dios… cómo lo amaba.

No pudo más que, en vez de enfadarse por mi desaparición, regalarme una leve sonrisa mientras tiraba de mi mano hacia las mazmorras.

También llegaría el momento de desahogar nuestros deseos.

No era este el recibimiento que había imaginado en mi mente, había pensado que al llegar a un Mundo Nuevo todo habría terminado, que empezaría por fin una vida tranquila y feliz.

Pero ahora, desde donde estoy, veo claramente que vivir en tranquilidad no es vivir.

VIVE INTENSAMENTE PARA REALIZAR TUS DESEOS Y ASÍ MORIRÁS TRANQUILO.

Si mi propósito era crecer más, ayudar a los demás, evolucionar, solo lo conseguiría con las piedras del camino, superando los problemas, viviendo intensamente. Así había sido mi crecimiento, superando los problemas, así crecería más.

Llegamos por la parte de atrás del palacio a una gran puerta de hierro, estaba comunicada con el río.

Se necesitaba una balsa para poder entrar en las mazmorras.

Miré el río y vi algo que en su momento me pasó desapercibido.

Fluía a contracorriente montaña arriba. No me había fijado al cruzar el enlace, estaba tan maravillada y el río había formado parte de todo el camino que no vi donde terminaba. Y que seguía hacia Un Mundo Nuevo.

Mi curiosidad me haría volver arriba para verlo, pero también tendría que esperar por el momento. Descubriría más adelante por qué fluía a contracorriente.

Quise tocar mi medallón pensando en el río y la importancia que en mi vida había tenido.

No lo llevaba conmigo, pero no desesperé, supe una vez más que en su momento lo recuperaría.

Había una balsa en la parte de atrás de las rejas, las puertas estaban cerradas por una gran cadena. Drog y Trec luchaban por romperlas, era imposible. Se desesperaban por momentos.

Noté que habitaba en mí una tranquilidad que no había estado antes, también tuve la certeza que la puerta se abriría.

Me acerqué a ellos, me miraron extrañados, ellos eran más fuertes, sería imposible para mi abrirla, seguro que lo pensaron.

Pero como tantas veces ya en mi vida, me guiaba una fuerza, algo sobrenatural.

Posé mi mano en la cerradura y pensé fuertemente en mi hijo.

Kun notó mi presencia, lo sentí en mi piel. Mi hijo sabía que ya estaba ahí y que ardía en deseos de verlo.

La puerta se abrió y no fui yo la que lo hizo. De eso también estoy segura.

Subimos a la balsa y ellos remaron fuertemente, todos deseábamos llegar dentro.

En la oscuridad de las mazmorras, en el silencio, noté claramente la mano de Trec cómo rozaba la mía, fue rápido y suave, pero escuché claramente lo que decía su mente. Me estremecí por dentro y no fue de placer, no desprendía nada bueno.

Trec no pararía hasta conseguir lo que quería.

Era despecho, que no es lo mismo que amor, aunque podamos confundirlo.

Una vez más callé y lo guardé en mis adentros. Drog no se controlaría ante esto y no deseaba más enfrentamientos entre ellos.

Esta imagen ha vivido durante el resto de mi vida en mi mente, en mi corazón. Mi hijo, Kun, estaba en las puertas de las mazmorras esperando nuestra llegada. Solo él había notado nuestra presencia, la mía.

Qué sensación tan grande, tan fuerte, tuve al cogerlo en mis brazos, se unieron fuerzas que habían estado separadas durante demasiado tiempo.

Mi hijo no era un niño como los demás. No era un niño cualquiera.

Mi amor era su fuerza y aumentaba su grandeza.

Ni qué decir la cara del resto cuando nos vieron aparecer en el gran salón donde estaban todos reunidos, además, con Kun en mis brazos. Mi madre no podía articular palabra, Greg se había quedado sorprendido por no intuir nuestra llegada y los demás me miraban a mí con asombro, incluso admiración.

Yo solo podía sentir que estaba por fin en casa.

Estaba por fin con mi gente, en mi tierra, donde quería estar.

CAPÍTULO 3

LIBRE SIN PERMISO

LIBERTAD, una palabra tan fácil de decir, tan corta.

Pero tan intensa.

Quise saber qué era exactamente lo que quería decir esa palabra. Quise saber qué es lo que deseaban exactamente las personas que la aclamaban.

Yo me sentí libre cuando perdoné y aparté los miedos de mí.

Me sentí libre cuando supe que es lo que quería y luché por ello.

Me sentí libre cuando aprendí a amarme y a valorarme a mí misma sin condiciones.

ERES LIBRE DE HACER LO QUE QUIERAS. Pero pienso que, si te doy permiso, te estoy quitando tu libertad, la libertad no necesita permiso, aunque sí respeto.

Deseé ayudar a mi gente. A que fueran LIBRES en todas sus formas.

Libres de decidir qué tipo de libertad quería cada uno para él.

En este mundo y en el que yo había vivido toda mi vida NO había diferencias en lo que ha sentimientos del alma se refería.

Todos teníamos anhelos y no habíamos aprendido a ESCUCHARLOS y no sabíamos cumplirlos.

Estaba ya anocheciendo y la gente que hacía un rato gritaba con energía enfrente de las puertas de palacio, ahora poco a poco se retiraban a sus casas cabizbajos, sin energía.

—Es así cada noche, por el día están muy convencidos, pero al llegar la noche prefieren el cobijo de sus casas. Se olvidan rápido de por lo que luchan, buscan el *c o n f o r t* de su hogar. De todos modos, me doy cuenta de que este es mi pueblo, el que hemos creado, y ahora no estoy nada convencido de que lo hayamos hecho bien. Gente infeliz, gente que no es firme en sus luchas. Tal vez ni ellos mismos sepan lo que quieren.

Yo escuchaba cada palabra que allí se decía, todos buscábamos la solución, pero vi claramente que no era en el interior de palacio donde hallaríamos la respuesta.

Tenía que hablar con la gente, conocer qué pensaban, qué deseaban, por qué se rebelaban.

Las palabras de Greg me hicieron pensar.

"Es mi pueblo, el que hemos creado", eso me hizo entenderlo.

Tenían un rey y él amaba a su pueblo, no tenía ninguna duda de que deseaba el bien para ellos. Pero necesitaban un rey que fuera su líder, su guía.

Se sentían perdidos.

Drog había seguido con las tradiciones, había reinado como lo habían hecho sus antepasados. Había llegado el tiempo de un cambio, lo pedían a gritos.

Con la calma del exterior, pudimos relajarnos todos un poco, nos abrazamos, nos besamos, queríamos festejar mi llegada, egoístamente habíamos olvidado lo que pasaba de puertas para afuera.

¿Pero no era cierto que bien merecíamos un respiro?

Ahora, desde mi lecho de muerte, no me parece que fuera tan egoísta. Yo podía ayudarlos y lo haría mejor estando feliz en mi vida.

Mi felicidad aportaría a mi pueblo la seguridad que ellos no tenían.

Siempre pensé que debía complacer a todo el mundo, aun sin estar conforme, hice cosas que no quería por contentar a los demás, pensaba que eso era lo correcto, que debía ser así, pero no. Aprendí de la vida que todos son importantes y valiosos, pero no más que YO.

Quería ayudar a mi pueblo y lo haría, pero todo en su momento.

Esa noche tenía muchísimas ganas de disfrutar de los míos, los había echado tanto de menos que necesitaba su contacto, hablar con ellos, bajar los pies a la tierra y ver que era todo real, que por fin estábamos juntos.

Kun estaba feliz, mi madre me dijo que últimamente estaba muy nervioso, había notado mi ausencia, pero ahora estaba a gusto en mis brazos, me miraba sonriente.

Yo no lo quería soltar, quería recuperar el tiempo perdido.

Pienso que, en esos momentos de mi vida, todavía no era yo muy consciente de lo que estaba pasando.

Sabía que algo había cambiado en mi interior, pero no era consciente de lo mucho que había sido.

Mis sensaciones se habían multiplicado, no sé bien por qué, pero podía sentir y ver cosas que antes no veía.

No era nada malo esto que sentía, pero tenía que aprender a gestionarlo, yo también necesitaba mi tiempo.

Había aprendido mucho por el camino, el poder del perdón, la comprensión y el amor. Armas tan fuertes o más que la espada de cualquier guerrero.

CAPÍTULO 4

MI YO ENEMIGO

Trec estaba desorientado, no sabía bien cómo actuar.

Nadie le dijo nada, no le acusaron en ese momento.

Todos sabíamos que tenía que ser juzgado, pero él también merecía un descanso, tiempo de reflexionar.

El juicio se hablaría por la mañana.

Yo podía entender lo que hizo, no lo justificaba, solo que podía sentir todo lo que sentía en su interior y sabía que todo lo hacía por falta de autoestima hacia él. Se sentía inferior y quería destacar a toda costa.

Esto me hacía compadecerlo.

Ahora se limitaba a estar presente con nosotros, pero su cabeza no estaba aquí, estaba en otro lugar, maquinando otras cosas que no sabíamos nadie.

Él no se sentía feliz por nuestro reencuentro.

Esa noche yo lo observaba, quería saber cómo se sentía

en su entorno. Lo vi claramente, no se encontraba a gusto con su gente, estaba como apartado, excluido. Una vez más, eran sus pensamientos, porque no eran los suyos que lo habían apartado, hasta el momento lo estaban tratando como a uno más, nadie le había reprochado su comportamiento.

SOMOS NUESTRO PEOR ENEMIGO.

¿Sabría él que era él mismo el que estaba poniendo los límites?

Había una gran barrera entre él y su familia y era el quien la había construido.

Ese día entendí algo más, cada uno somos los que creamos nuestra vida. Nos ofuscamos en culpar a los demás y no nos damos cuenta de que todo está en nuestras manos, ya sea bueno o malo.

Yo lo comprobé en mis propias carnes, todo dependía de la importancia que le daba a cada situación y hacia dónde la enfocaba, a lo negativo o a lo positivo. Créeme, todo tiene su parte buena, hay que querer verla. Y todos no estamos dispuestos.

Trec vivía sumido en un odio profundo hacia él mismo, se sentía víctima y era eso lo que reflejaba, su vida era un fiel reflejo de lo que su corazón sentía. AMARGURA.

Es por eso que lo perdoné.

Greg, que era muy intuitivo, se percató de la situación.

En medio de la alegría y del desconcierto, y como hombre de gran corazón que era, quiso hacerle menos dura su estancia allí.

Se acercó a él, sin llamar la atención, muy discreto, y le susurró unas palabras al oído.

Nadie lo escuchó y posiblemente nadie lo vio. Inmediatamente y, sin decir palabra, Trec se retiró de la sala.

Greg lo había autorizado para que se fuera a su recamara.

Con esta acción le demostró que sí confiaba en él, no le

puso guardias ni lo encerró, era libre, pero tenía que hacerse responsable de lo que había hecho.

Era el turno de Trec de demostrar hasta donde podía llegar su malicia o su bondad.

Yo estoy segura de que era esto lo que Greg quería comprobar y así estar seguro de su condena.

Era su manera de decirle que tenía una oportunidad de hacer que confiaran en él.

Me gustó esto tanto de mi padre que creo que me emocioné y todo de pensar la familia que había logrado.

Me sentía orgullosa de mi familia, pero no por lo que tenían, sino por lo que aportaban, lo que daban.

Mañana sería otro día, mañana habría más que hablar, estábamos todos agotados y ese día nos retiramos pronto a nuestras recámaras.

Aunque esté mal decirlo, yo lo estaba deseando.

Era una persona de carne y hueso, con sus aciertos y sus errores.

Había resurgido en mí un deseo incontrolable, deseaba a Drog solo con mirarlo.

Es algo que perduró a lo largo de todos estos años, junto a mi amor por él.

Los dos supimos bien cómo mantener ese amor.

Trabajamos en ello cada día, pero esto es otra historia.

MI YO PRIMERO

Nuestro hijo se había dormido plácidamente, se encontraba tranquilo en mis brazos. Lo llevé a su cuna y regresé a mi cuarto, no sin hacer un gran esfuerzo, no quería separarme de él.

Allí, en medio de la habitación, me esperaba una gran bañera de agua perfumada. Qué bien me sentí al sumergirme en ella.

Me relajé tanto que creo que me dormí, pero no era en dormir en lo que en mi mente estaba pensando.

Tal vez tampoco era el momento, o sí, quién sabe…

Noté en mi cuello, desde atrás, unos labios que suavemente recorrían mi piel, muy suavemente. Me estremecí al momento.

Mi pecho subía y bajaba dentro del agua, agitado.

Quería más.

El notó mi excitación al momento y eso le gustó, le gustaba verme encendida, sabiendo que era él quien provocaba mi fuego.

He de decir que jamás nadie había provocado esos ardores en mi cuerpo, me hacían sentir viva y, he de confesar, que me gustaba sentirme así.

Abrí mis ojos, aunque no me hacía falta verlo, sabía que era el, notaba su deseo, sus sensaciones. Lo reconocería entre cientos con los ojos cerrados, estaba segura.

Solo me vi a mí, sumergida en el agua, y mis pechos ya excitados que salían y entraban en el agua por mi respiración agitada.

Su mano se posó en uno de ellos, creo que lancé un leve gemido, como me gustaba este hombre y cómo lo deseaba.

Quise girarme, quería verlo, pero él no me dejo, me lo impidió.

—Quiero verte mientras te bañas —me dijo en un suave susurro.

Ummmm, quería jugar.

Yo estaba dispuesta a entrar en su juego.

Lo hacía deliberadamente, recorrer mi piel despacio, recreándome en cada parte de mi cuerpo, notaba que a él le gustaba y yo seguí con el juego. Era también mi juego.

Posó su mano sobre la mía y ahora éramos los dos los que recorríamos mi cuerpo, estábamos reteniendo las ganas de poseernos allí de inmediato.

Mi plenitud era total, había crecido en todos los aspectos de mi vida y, para mí, poder disfrutar del sexo sin vergüenza, sin ningún tipo de pudor, también me hizo más segura. Él me hacía sentir única.

Y es por eso que quise jugar más.

Le quité la mano de mi cuerpo y me salí del agua, estaba desnuda y era la primera vez que me exponía tanto a la vista de

alguien, y lejos de sentirme tímida, me sentí poderosa.

Me contorneaba sensual, sabía que me deseaba y quería provocarlo más.

Él se levantó y se sentó en el sillón, me miraba expectante, no apartaba la vista de mí. Disfrutaba con lo que veía, se le notaba en la mirada y a mí me gustaba verlo así.

Me gustaba en todas sus formas, Drog me hacía sentir segura.

Esa noche descubrí que, más allá de mi deseo y mi amor hacia él, habían nacido unas ganas tremendas de ofrecerle un compromiso.

Te amo tanto que deseo que seas feliz, aunque no me incluyas.

Y si decides incluirme, mi deseo no es que me ayudes a volar, deseo que volemos juntos, aunque a veces sea en la distancia.

ODIO Y VENGANZA

Saro y Greg se habían quedado en el salón, ellos estaban preocupados por la situación y a mi madre tener a Trec tan cerca no le gustaba nada. Se preocupaba por Kun y por mí. Ella había visto cómo me miraba y había comprendido inmediatamente lo que estaba pasando.

No había olvidado lo del secuestro de Kun.

Esa noche sucedió algo que nadie esperaba. Más bien, que no hubiéramos deseado.

Pero fue a la mañana siguiente cuando nos enteramos.

De verdad que no creíamos que su odio hacia Drog llegara a tanto, pero ahora ya estaba todo decidido, él ya se había posicionado.

Noté la decepción y la tristeza en Greg, él había sido el que había confiado en él. Su manera de no custodiarlo ese mismo día que llegamos, fue su manera de darle una oportunidad para

que su condena fuera más leve.

Trec se había marchado y, con su marcha, había declarado la guerra entre hermanos.

En realidad, acababa de sentenciar él su propia vida. Una vez más, confirmaba mi teoría, nosotros somos los creadores de nuestra vida. Él había decidido.

En ese tiempo que estuvimos juntos sin saber quién éramos los dos, yo sabía que era un hombre dolido, pero pensé que había una oportunidad en él, más aun, pensé que él quería cambiar.

Sentí mucha pena en mi corazón, ahora ya no habría marcha atrás. Él lo había decidido.

El pueblo y Trec en nuestra contra, había mucho trabajo que hacer, teníamos que centrarnos en ello.

No había tenido tiempo de encontrar mi lugar en mi nueva vida, pero no me importaba, quería ser útil y lo iba a hacer lo mejor para mi gente.

Mi instinto tendría que ayudarme.

Kun había amanecido con una gran sonrisa, en verdad le resultaba muy positiva mi presencia, mi madre lo notó enseguida, incluso Greg.

—Tu hijo empieza hoy su renacer, a partir de ahora sus virtudes serán vistas.

No lo entendimos bien en ese momento, pero lo pudimos comprobar muy pronto a que se refería Greg con sus palabras.

Kun se alimentaba de mi energía, conmigo cerca de él se hacía más fuerte.

Tenía que comprobar por mí misma qué era lo que estaba pasando y, cómo en el pueblo todavía nadie me conocía, podría mezclarme entre sus gentes sin ningún problema.

Así lo hice. Salí del palacio temprano antes que el pueblo se agolpara en la puerta enfurecido gritando "libertad".

No había amanecido todavía, las calles estaban desiertas.

Me serviría para conocer el pueblo.

Me metí en sus callejones y fui observando que, poco a poco, la gente empezaba a despertar, las luces de las casas empezaban a alumbrar sus salones.

¿Dónde estaría Trec? Alguien tenía que estar ayudándolo.

En estos momentos no sería difícil que encontrara ayuda, ya que habían perdido la devoción a su rey.

Todo me parecía tan nuevo, sus calles, sus colores, sus olores.

Andaba ensimismada por todo.

Por ello me parecía que no era real lo que había visto.

Era en una de las casas más alumbradas de la calle, había una gran cristalera por la que se veía claramente el salón, estaban sus luces encendidas y había dos hombres alrededor de la mesa. Uno de ellos se apartó y entonces fue cuando descubrí lo que estaban mirando.

Era el libro que Rufos tenía en su cabaña ¿cómo había llegado hasta allí?, ¿quién lo había traído?, ¿y cómo?

Me quede tan sorprendida que, reconozco que no me di ni cuenta, solo lo sentí, un fuerte golpe que me hacía desvanecerme en el momento.

Desperté horas más tarde, estaba en una habitación oscura, sola.

Sentí miedo, he de reconocerlo.

Había ansiado tanto llegar a Un Mundo Nuevo, había estado tan segura que, una vez aquí, mi vida sería fácil, que de verdad no podía entender que estaba pasando. ¿Acaso no merecía yo nada bueno? Llegué a pensar que me había equivocado en todo. Llegué a pensar que todo había sido un sueño.

Quise moverme, pero estaba atada de pies y manos, no podía hacer nada, estaba perdida en manos de no sabía quién.

Empecé a recordar…y vi el libro.

No era un libro fácil de transportar a escondidas ¿cómo había llegado allí? Solo podía pensar en Trec, era el único, además de mí y de Drog que lo habían visto. Pero tampoco podía ser. Lo habríamos visto.

Rufos, pensé en él. ¿Dónde estaría él?

Volví a recordar a aquellos niños y mi medallón.

De repente oí un ruido, la puerta se habría y entraba una mujer, llevaba un plato de comida y agua.

—¿Dónde estoy? —le pregunté, pero ella me ignoró por completo.

Me desató las manos para que pudiera comer, pero no tenía ningún apetito, quería salir de allí.

—Ayúdame —le dije—. Serás bendecida si lo haces, te lo agradeceré eternamente, no sé quién eres, pero seguro que no quieres hacer ningún daño. Reteniéndome aquí, lo estás haciendo, piensa en ello, puedo ayudarte yo a ti. Piénsalo.

No dijo palabra, pero si le cambió la expresión de la cara. Salió de la habitación y esta vez no me ató las manos. Aproveché para desatarme los pies.

Por más que pensaba, no podía entender qué había pasado, mi cabeza quería estallar y no encontraba salida a mi situación. Necesitaba ayuda, pero nadie sabría de mi paradero.

Drog me estaría buscando, pero no sabría por dónde empezar.

Volví a sentir miedo, descubría así que, por mucho que había crecido en mi vida, el miedo estaría siempre ahí en diferentes formas y maneras.

Volvía a sentirme paralizada, no sabía hacia dónde dirigir mis pasos, seguro había una solución, pero ahora estaba totalmente bloqueada.

Grité, di un grito de rabia y frustración que seguro se escuchó más de lo deseado por mis raptores.

Se abrió, rápidamente, de nuevo la puerta. Esta vez era un hombre y, sin decir palabra, me azotó fuertemente.

—Si no callas tendrás más de esto, tú decides.

Salió igual de rápido que había entrado y me dejó con una marca en la espalda que me dolía hasta las entrañas. Pero sucede que, cuando lo das todo por perdido, no tienes miedo a perder más.

Mi miedo no era por mí, era por los míos, tenía miedo por mi hijo.

Y descubrí por primera vez el verdadero miedo que sentía.

CAPÍTULO 7

SIEMPRE EL MIEDO

Hoy, desde mi lecho de muerte y sabiendo lo que sé, y habiendo vivido como lo he hecho, tenía toda la razón en tener miedo.

Sentí un miedo atroz a morir allí sin más, había llegado a Un Mundo Nuevo con la esperanza de dejar un mundo mejor. Había podido ver en el libro lo mucho que la gente me quería, por lo que les había podido ayudar y no quería morir allí.

Tenía mucho que dar a los míos, a mi pueblo. MI LEGADO.

Volví a gritar de rabia e impotencia, si querían matarme, tendría que saber por qué estaba ahí y quién era el que me había secuestrado.

Grité tanto esta vez que entró en la habitación Trec.

Como no, solo él me conocía, tenía que ser cosa de él ¿Cómo no lo había pensado?

O sí lo sabía y no quise verlo.

Estaba furioso, no sé si conmigo o consigo mismo, se veía muy nervioso.

—¿Qué estás haciendo, Trec?, tú no eres así, debes volver, te aceptarán de nuevo si te arrepientes. Todo saldrá bien, confía en mí.

Pero esta vez mis palabras no hacían ningún efecto en él, estaba cegado, no conseguía hacerle entrar en razón, tenía demasiado odio en su corazón.

—¿Tú que sabrás como soy yo?, tú misma me has rechazado, como lo han hecho todos. Creí en ti ¿sabes? Pensé que tú eras diferente, pero no, tú también estas en mi contra. Os odio a todos y pagaréis por esto.

Recordé que tenía el libro en su poder, no sabía si con él podía hacer daño, en él había muchas cosas escritas que, tal vez, él ahora podría cambiar o rellenar las páginas que quedaban en blanco a su modo. No sabía bien si podía usarlo para su beneficio, pero sin duda lo intentaría.

—¿Cómo conseguiste el libro, Trec?

Se rio deliberadamente, parecía poseído. Él también daba mucho miedo. Ya no reconocía en él nada de lo que había visto los días que anduvimos juntos.

—Lo sabrás a su debido tiempo, pero llámalo suerte, estaba perdido y entonces apareció una posibilidad.

No sabía de lo que hablaba, pero necesitaba saber para qué me quería.

—¿Para qué me retienes?, ¿qué quieres de mí? Necesito saberlo.

Volvió a reír, esta vez su cara era otra, vi deseo y reconozco que me estremecí, pero otra vez de miedo.

LA FALTA DE LIBERTAD ACENTÚA EL MIEDO.

—Lo sabrás a su debido tiempo, ahora te recomiendo que comas, no me gustan las mujeres demasiado flacas.

Debí imaginármelo, no se había conformado, no iba a consentir que fuera la mujer de Drog. Me quería para él, aunque fuera a la fuerza.

Me dejó sola de nuevo y, en medio de la oscuridad y del desespero, quise gritar de nuevo, pero esta vez no lo hice.

Ahogué mis gritos y los convertí en lágrimas de desespero.

Nada podía hacer, nada desde allí. Me sentía tan inútil en esos momentos que me desesperaba.

Trec me advirtió: ¬

—Tu hijo pagará las consecuencias si tú te rebelas contra mí.

Sin saber lo que sucedía en el exterior nada era fácil. No sabía hasta qué punto esto sería verdad, pero él estaba decidido a hacer daño y lo conseguiría, estaba segura de ello.

Fueron unos días interminables, las noches eternas y todo era oscuridad. Por la mañana aparecía cada día la misma mujer a darme la comida y en ella puse mi única esperanza.

Ella sería mi salvación, así lo decreté, así sería pues.

Un día le pregunté si tenía hijos, sus ojos se iluminaron y, aunque no me contestó, ahora supe por dónde podía ganármela.

Ese mismo día le dije que yo tenía uno y que seguramente me estaba necesitando, que lo echaba mucho de menos y me moría de ganas de verlo.

—He pasado meses hasta reencontrarme con él y, cuando por fin lo había abrazado de nuevo, ahora me encuentro de nuevo sin él y me muero sin él. Lo echo de menos y sé que él sin mi muere cada día un poco.

No le dije quién era yo.

Seguía sin hablarme, pero ese día también vi algo más en ella que me hizo ver que mi pena era tal vez la suya.

Una lágrima recorrió su mejilla cuando yo le contaba mi pena.

No lloraba por mí ni por mi hijo, de eso estaba segura.

Su pena era su debilidad.

Y mis miedos mi condena, así que debía de ser fuerte y vencer el miedo de una vez por todas.

Cerré ese día los ojos, sin intención de dormir.

Pensé fuertemente en Rufos, no sé bien por qué, pero fue él quien me vino a la mente. Una llamada, posiblemente.

Sentía una mezcla de sensaciones, olvidé donde estaba y viajé a la cabaña. Estaba con Rufos y me enseñaba de nuevo su libro, abrió sus páginas, me vi a mí de nuevo.

Me recordaba claramente lo que había venido a ser.

En las páginas en blanco había ahora otro destino del que nadie antes me había hablado, era una boda sí y un trono y un rey y una reina. Pero no era con Drog.

Lo tenía claro, no quería ese destino para mí, no con Trec.

—Todo está en ti, tú puedes encontrar el camino. Que nadie escriba las páginas de tu vida por ti.

Estas palabras las escuche claras, hubiera jurado que estaba a mi lado en esos momentos.

—Rufos —le llamé, pero ya no hubo respuesta.

QUE NADIE ESCRIBA LAS PÁGINAS DE TU VIDA POR TI.

CAPÍTULO 8

MI DOLOR, MI DEBILIDAD

Recuerdo claramente que cuando yo era una niña, todo parecía más fácil.

Mis sueños, los que yo tenía entonces, parecían fáciles de alcanzar. Ahora, desde aquí, nada me parecía tan fácil, pero con el tiempo había aprendido que era el precio que estaba pagando por conseguir aquello que tanto deseaba.

No estaba dispuesta a renunciar a mis sueños.

Sabía claramente las intenciones de Trec, ahora estaba demasiado cegado, no entraría en razón.

Esa mañana, cuando vino la mujer a traerme la comida, me habló ella sin yo preguntarle. Por fin algo a mi favor.

—Tuve un hijo, varón, murió hace un año, había salido a hacer un encargo y, cuando regresé, ya no respiraba, había dejado de respirar en su cuna, solo. No puedo dejar de pensar que, si no me hubiera marchado, él estaría vivo. La culpa me atormenta.

Tenía que aprovechar el momento.

—Entonces, sabes bien por lo que estoy pasando, mi hijo me necesita y no estoy con él.

Fueron suficientes esas palabras, salió de la habitación y, seguramente en un "descuido", se dejó el cerrojo abierto.

Esperé unos minutos para no coincidir con ella y abrí la puerta.

Oía unas voces, había más gente en la casa y no sabía el camino de salida, pero nada me importó, la encontraría.

Conforme me iba acercando, escuchaba claramente lo que decían. Uno de ellos era Trec, reconocí su voz al instante.

—Ha sido una suerte encontrar a Rufos, por fin tengo algo de mi parte, gracias al libro sabemos la importancia del medallón, con él soy yo el que reinará en el nuevo reino. Seré rey y ella reinará conmigo. Que no le pase nada, sin ella no podré lograrlo.

Lo até todo rápidamente, a Rufos lo habían atrapado, no sabía cómo ni dónde, pero le habían robado el libro. El medallón era importante, por lo visto, pero al parecer me necesitaba a mí.

Era más grave de lo que pensaba, lo primero era conseguir el medallón y después encontraría a Rufos.

Tenía que pensar rápidamente hacia dónde dirigir mis pasos.

—Piensa, Aidil, piensa.

Lo vi claro, me había equivocado, el primer paso era Rufos. Debía encontrarlo.

Él me había ayudado siempre, había llegado hasta Un Mundo Nuevo por mí, sabía que necesitaría de él y vino hasta aquí, ahora era yo la que debía ayudarlo.

Permanecí quieta esperando que se marcharan, quería salir de allí, veía la luz del sol entrar por mi lado derecho, es ahí donde estaba la entrada.

Saldría por allí, cuando ellos se movieran, pero, escuché como si se acercaran hacia mí y, sin pensarlo dos veces, abrí una puerta que había a mi lado y me metí en la habitación.

Estaba oscuro, no me atrevía casi a moverme, mis ojos tardaron un poco en ver algo.

No era una habitación, era un pasadizo, camine por él y me llevó hasta unos sótanos. Abrí el cerrojo de la puerta, había grandes jarras con vino y aceite, sacos de comida y víveres, era un almacén donde tenían su comida.

Qué extraño que guardaran la comida bajo llave.

Me llamó la atención un pequeño rayo de luz que salía de lo más fondo de la habitación, hacia allí me encaminé.

Otra puerta, esta no podía abrirla. No podría salir por allí, miré por la pequeña ventana por donde salía la luz y entonces fue cuando lo vi a él.

—¡Rufos! —exclamé.

No podía creerlo, él dio un salto y corrió hacia mí.

—Mi reina —me dijo—. Pensé que nunca llegaríais.

Me desconcertaba este hombre ¿acaso sabía que yo lo salvaría?

—No hay tiempo para explicaciones. —Otra vez me leía el pensamiento.

—Aidil, atiende, justo debajo de ese saco de harina a tu derecha están las llaves de esta cerradura. Abre rápido, tenemos que salir de aquí.

Tal como él me dijo, así lo hice. Sentí una gran alegría al verlo conmigo de nuevo, siempre supe que nos reencontraríamos, pero no esperaba que fuera en estas condiciones.

Me hizo una señal para que guardara silencio. Estábamos en peligro y yo casi lo había olvidado.

Ya habría tiempo después de hablar.

No sería fácil salir de allí sin ser descubiertos.

Regresamos, así pues, por donde yo había venido y nos encontramos de nuevo en la puerta del pasillo.

Se escuchaban voces, no sería buena idea abrirla, nos descubrirían de inmediato.

Tampoco podíamos permanecer allí, en algún momento querrían bajar a ver a Rufos.

Estábamos perdidos, no veía salida. Me veía acorralada.

Rufos me cogió del brazo y me dijo:

—¡Ten fe, mi reina!

Otra vez me había leído el pensamiento.

Estar con él me hacía más segura, pero en la oscuridad y sin salida, seguía desconfiando de mí misma. Tenía que aprender a enfocarme en lo que quería y no cegarme en lo que no quería, me bloqueaba.

Deseé con todas mis fuerzas salir de allí, quería estar fuera.

Me vino a la cabeza mi hijo.

De repente la puerta empezó a abrirse.

Rufos y yo nos quedamos inmóviles apretados el uno contra el otro como si quisiéramos atravesar la pared.

Nos iban a descubrir, estábamos perdidos.

Volvió a mi mente mi hijo. Kun.

Entonces se oyó un grito tan fuerte, que quien fuera que estaba al otro lado de la puerta, salió disparado en dirección hacia los gritos.

Era el momento de salir, no había tiempo que perder, era ahora o no saldríamos de allí.

—Sígueme —dijo Rufos.

Y salimos de allí sin mirar siquiera a los lados, rápido, temerosos que nos descubrieran, pero con paso firme.

Se veía el portal de la casa y estábamos casi fuera.

Rufos delante y yo detrás, no quedaba nada para la salida. Unos pasos más y volvíamos a ser libres.

Algo estiro mi pelo hacia dentro, ya no avanzaba hacia la calle, volvía al interior de la casa, arrastrada.

Rufos se percató de la situación y quiso volver a por mí.

Le grite:

—¡Huye, avisa a Drog!

Dudó un momento, pero era la mejor solución.

Cuando terminé de repetir las palabras un bofetón cruzó mi cara, me dejó tendida en el suelo, sin habla.

Era Trec, estaba muy furioso.

Rufos había conseguido escapar y eso no era nada bueno para él.

Llevaba mi medallón colgando del cuello, con la ira del momento, se le había salido por fuera de la ropa. Tenía que recuperarlo. Era mío.

No tuvo piedad conmigo, no sé si alguna vez fue amor lo que por mi había sentido, pero esa forma de golpearme me decía todo lo contrario.

Me mataría si no paraba pronto.

CAPÍTULO 9

VOLAR

Desperté con un dolor intenso en todo mi cuerpo.

Estaba acurrucada, ensangrentada.

No sabía dónde, pero ya no estaba en la oscura habitación en la que había estado días atrás.

Trec estaba dispuesto a que no me encontraran.

Solo pensar en cómo se encontraría Drog y toda mi familia en estos momentos, ahora ya sabrían quién era el culpable de mi desaparición por Rufos.

No deseaba más guerra y esto parecía no tener fin.

No me podía mantener despierta mucho tiempo y, en pocos minutos, volví a perder la consciencia.

Qué facilidad tenía mi mente para viajar de un lugar a otro, confundiéndome a mí en si estaba en la realidad o en un sueño.

Pero ahora mismo no quería despertar.

Me sentía ligera, libre, volaba por encima de mi pueblo, tenía unas alas blancas que me transportaban de un lugar a otro.

Me sentía bien, el río estaba debajo de mí, lo sobrevolaba y seguía su curso a contracorriente.

Recordé que el día de mi llegada, me había propuesto investigar el cauce del río y me dirigí yo también montaña arriba. Así pues, a contracorriente de nuevo dirigía esta vez, mi vuelo.

Qué libertad más grande, no había miedo, no había dolor, solo sentía el viento en mi cara y movía mis alas suavemente.

Llegué a la cumbre de la montaña y allí, dentro de una gran roca, parecía que desaparecía el río.

Bajé suavemente y vi que era una cueva. Quería saber a dónde se dirigía.

Entré por el agujero, igual que lo hacía el agua del río y, a medida que avanzaba, se hacía más y más estrecho. Una persona no cabía ya por allí.

Pero ahora yo no era una persona, era un pájaro pequeño de alas blancas y plumaje fino.

Libre como el viento.

Me escabullí por el pequeño vacío que quedaba entre el agua y la roca, quedaba muy poco espacio aun siendo yo muy pequeña.

Volé un rato a oscuras, sin saber hacia dónde me dirigía, pero no podía dejar de mover mis alas inquietas.

En poco rato empezó a ensancharse el camino.

Una luz blanca comenzaba a iluminar mi paso y no podía creer lo que mis ojos estaban viendo.

Quedé paralizada, había visto muchas cosas, cada cual más hermosa y extraña en este tiempo, pero os aseguro que nada comparado con lo que mis ojos estaban gozando ahora.

Pensé que había muerto y que había entrado en el cielo, respiraba una paz y una tranquilidad que mi cuerpo se resistía a regresar de nuevo.

Este era el mundo nuevo soñado, había un mundo nuevo por descubrir.

Seguí volando y el río corría ahora suavemente, siguiendo su curso correcto, prados valles flores y una luz inmensa invadía el lugar. Y la paz era algo sobrenatural, había entrado en un mundo irreal donde parecía que no hubiera cabida para el mal.

No podía dejar de sobrevolar la zona, ni podía regresar a donde fuera que estuviera mi cuerpo.

Sentía que aquello era mi hogar. Me sentí fuertemente atraída por esos valles y esa paz.

Me quedaría allí, sobrevolando infinitamente ese reino.

Regresé a mi cuerpo de repente, sin permiso, alguien me estaba sacudiendo.

—¡Despierta! —decía una voz que me era desconocida.

Pero no quería, había mucho que explorar, deseaba ver más, deseaba quedarme allí.

Pero los dolores que volvía a sentir en todo mi cuerpo me decían

claramente que había regresado a la realidad.

¿Dónde había estado?, ¿existía ese paraíso en realidad o era un sueño?

Recordé momentáneamente la imagen de mi medallón, el río que se escondía en la montaña. ¿Qué sería lo que faltaba en la otra mitad del medallón?

Abrí los ojos, delante de mi había un hombre que me miraba fijamente.

Debí de darle mucha lástima porque en su rostro vi una mueca de dolor al verme en el estado que me encontraba.

—¿Dónde estoy? —le pregunté.

Pero no obtuve respuesta.

—Estoy aquí para curar tus heridas. Solo eso.

Miré a mi alrededor, parecía una cueva o algo parecido, entraba luz por un gran agujero que había en la entrada.

—No intentes escapar —me dijo—. Fuera hay dos hombres custodiando el lugar, debes recuperarte de las heridas.

No parecía una amenaza, me pareció más bien que me avisaba de la situación. Creo que vi en su rostro lastima por mí.

Dejé que me curara, no puse resistencia ninguna, sabía lo que se hacía, debía de ser médico.

—¿Sabes quién soy?

Tuve la necesidad de preguntarle, no me parecía un hombre de los de Trec.

Me dijo:

—No suelo preguntar, soy médico, quiero curarte. Me enviaron un aviso diciendo que alguien me necesitaba, sé que es todo muy extraño, pero el pueblo está muy alterado y no sé bien que está pasando. Cumpliré con mi deber, no quiero problemas.

Y añadió:

—¿Puedo ayudarte en algo?

Por sus palabras se notaba, claro, que no sabía nada del plan de Trec, tal vez no sabía ni siquiera que era él quien me había llevado hasta aquí. No quise comprometerle, no sé porque lo hice, pero no le dije quién era yo.

Creo que quería salir de allí por mí misma, en mi interior algo me decía que debía de hacerlo yo, que podía lograrlo.

No era por orgullo.

Si iba a ser reina no quería ser una reina de postín, quería ser valerosa, digna de mi título.

No sería de ninguna manera una reina de portada, mi título iba a conllevar algo más, en ese descubrimiento estaba.

Me curó y me dejó allí para que descansara.

—Te recuperarás, eres fuerte.

Y, sin decir palabra, puso en mi mano un pequeño punzón. Esa fue su manera de ayudarme.

Tal vez él pensaba que lo necesitaría para defenderme, al fin y al cabo, era mujer y estaba sola en la montaña, malherida y desamparada.

Pero no fue más allá.

No quiso involucrarse más.

CAPÍTULO 18

RESURGIR DE NUEVO

No estaba atada, pero estaba segura de que, aunque quisiera, no me podía mover.

Sentía un dolor tan fuerte que necesitaría tiempo para recuperarme.

Trec había volcado toda su rabia en mí.

Necesitaba centrarme en cómo saldría de allí.

Con dos hombres en la puerta tampoco podría hacer mucho en contra de ellos.

Ojalá pudiera volar, como lo había hecho en mis sueños.

¿Qué habría sido de Rufos?

De verdad que quería ser fuerte, quería ser lo que se esperaba de mí, pero en esos momentos me sentía tan mal que no sabía si podría seguir luchando. Tantos obstáculos, parecía que no me mereciera ser feliz.

Y mira que lo sabía. La fe mueve montañas.

La vida me había enseñado que con el derrotismo no llegaba a ninguna parte y que debía luchar por mí, no por lo que la gente esperaba de mí.

Pero había momentos en la vida, hay momentos en la vida que se nos olvida lo aprendido.

Es ahí donde más confianza debía tener en mí misma.

Resurgir de las cenizas. Estaba destruida, pero no acabada.

Volví a pedir una señal, una ayuda, necesitaba algo para no perder las fuerzas y seguir luchando. Lo supliqué con lágrimas en los ojos.

—¡Dios, dame una señal!

Nada sucedió en esos momentos.

Eso es lo que a mí me pareció.

Pero nunca estuve sola, volvía a entrar en ese estado de seminconsciencia que parecía que ya formaba parte de mi vida.

Esta vez no volaba, esta vez era Rufos el que me arrastraba cueva adentro, le costaba, pero era persistente y me llevaba sin descanso. El camino se hacía cada vez más oscuro y estrecho, pero eso a él no le importaba, parecía que sabía a dónde iba.

Me arrastraba y me dolía todo el cuerpo por sus tirones y las piedras que sobrepasábamos por el camino.

Parecía que habíamos llegado al final del túnel, pero él apoyaba ahora mi mano en una piedra en la cual había posado mi medallón.

De repente y sin hacer ninguna clase de ruido, se apartaron todas las rocas del camino, abriendo paso al mismo lugar el cual había estado sobrevolando unas horas atrás.

El río ahora ya no iba a contracorriente, fluía en su curso habitual en las llanuras de un Nuevo Reino.

¿Qué estaba pasando? No salía de mi asombro, Rufos conocía el lugar, sabía de su existencia y sabía cómo entrar en él.

Mi medallón era la llave.

Por eso Rufos lo dejó en la cabaña. Mi mano junto con el medallón abría el Nuevo Reino.

Y esta vez me pasó exactamente lo mismo que la vez anterior, me sentí de allí, dejaron de dolerme todos los huesos de mi cuerpo y podía andar por mis propios pies.

Estaba en mi casa, esta era mi tierra.

No quería regresar.

No sé el tiempo que pasó, no sé los días que estuve inconsciente. Pero no me importo. Allí me sentía feliz, libre.

Me despertó Trec, estaba en lo más fondo de la cueva, justo donde se abrían las puertas a un Nuevo Reino, pero estas, ahora, estaban cerradas.

Fui situándome poco a poco. Mezclaba la realidad y lo que no era real. Vivía entre dos mundos.

Miré a mi alrededor y, en pocos segundos, ya sabía perfectamente donde estaba.

¿Quién me había arrastrado hasta allí? Rufos, no había duda, mi guardián, mi ángel de la guarda. Me hacía ver lo que a mi tanto me costaba.

Miré las grandes rocas que impedían el paso y no tuve duda.

Detrás de ellas se encontraba mi hogar y sabía dónde encontrar la llave.

No había sido un sueño. Me indicaba el camino de mi mundo.

Trec se impacientaba porque no obtenía respuesta de mi parte.

—¿Estás bien? —me decía.

Pero mi cabeza está asimilando lo que allí había estado sucediendo, mientras parecía que dormía, las piezas iban encajando.

Finalmente le respondí.

Había decidido que tenía que quitarle mi medallón. Después de lo que había visto sabía la importancia que tenía el medallón en mi vida.

Sería mejor tenerlo contento. Así habría más posibilidades de poder tenerlo cerca.

—Estoy bien, Trec.

Contesté para que estuviera contento, pero era verdad, me sentía mucho mejor, yo diría que bien, como si nadie me hubiera golpeado. Miré mi cuerpo y no quedaba rastro alguno de las heridas que sangraban días antes.

—¿Cuánto tiempo ha pasado?

Tal vez era más de lo que yo pensaba.

—¡Dos días! —dijo él muy serio.

Me miraba también y se notaba que estaba asombrado por lo rápido de mi curación.

Estaba desconcertado, pero no me preguntó.

Yo, en cambio, ahora sabía la verdad de lo sucedido.

Mi mundo era mágico, un mundo donde no existía el dolor ni los problemas. Por eso se respiraba esa paz tan inmensa.

Al intentar moverme, noté que llevaba mi mano cerrada, y en ella todavía estaba el punzón que me había dado el médico.

La dejé como estaba, cerrada. Mi inseguridad con él hacía que lo temiera.

—Tienes que dejarme volver, Trec, Drog estará muy preocupado y Kun me necesita, déjame ir.

Ahora yo estaba de pie y él me miraba. Me sentía fuerte y recuperada, no quería que me viera el miedo, quería que me viera segura.

—Trec, escucha, no te guardo ningún rencor, piensa bien lo que has hecho. Entrégate serán benevolentes contigo, ellos te quieren más de lo que tú piensas. Te ayudaré, debes confiar en mí.

Su cara ahora era de odio, no había acertado con las palabras, buscaba con ellas que se derrumbara y aceptara, pero enfureció.

—Confié en ti ya una vez y tú lo elegiste a él, como todas, como todos, siempre de su parte. De verdad que pensé que contigo sería diferente, que eras distinta, que podrías amarme y tener una vida feliz, los dos juntos. Pero apareció él y ¿cómo no?, lo elegiste.

Debía calmarlo, estaba invadido por el odio, la rabia y la frustración.

—En mí puedes confiar siempre, no soy tu enemigo, Trec. Podemos vivir en paz, seremos siempre amigos.

Explotó.

—No quiero ser tu amigo, ni quiero verte del brazo de Drog. Quiero que vayas de mi brazo y que estés a mi lado, si no va a ser así no quiero vivir en paz ni quiero vuestra paz. Nada me importa ya. ¿Lo entiendes, Aidil? Nada.

Entendí perfectamente.

No estaba dispuesto a vivir sin mí, de tanto que me amaba. Eso pensaba él. Pero en cambio, no le importaba verme morir si no estaba con él.

"Bonita forma de amar", pensé.

Entendí que no entraría en razón.

No estaba dispuesto a vivir sin mí, por orgullo, no por amor. Amor no tenía ni hacia él mismo.

Entendí que estaba en mis manos.

Me pasaron muchas cosas por la cabeza. Muchísimas.

Vi a mi hijo, vi a mi madre, vi a la gente que amaba, vi a Drog. No quería que le pasara nada malo a ninguno de ellos.

Quería paz de una vez por todas en nuestras vidas.

Entonces fue cuando vi la solución.

Me casaría con Trec.

Me temblaban las manos y todo el cuerpo, me estaba equivocando y no tenía duda, pero lo había decidido.

Así se lo hice saber.

—Me casaré contigo.

CAPÍTULO 11

RETORNO A MIS MIEDOS

Recuerdo esa sensación todavía después del paso de los años, no quería, no quería casarme con él, pero no hacía nada, absolutamente nada para cambiar mi destino.

Parecía ahora un títere del cual movían las cuerdas al antojo de quien las dispusiera. Y, sin embargo, había sido una decisión mía.

Lo hacía para salvar las vidas de los demás. Y ¿qué pasaba con la mía?, ¿para cuándo la mía?

Moriría yo en vida para darles la vida a ellos.

Me había cegado en eso y convencido a mí misma de que esa era la solución. Me sentía la gran heroína que iba a sacrificar su felicidad por su familia.

Qué equivocada estaba y qué egoísta fue mi decisión.

Entregando mi vida a Trec entregaba también la de mi familia, sin contar con su opinión.

Los hacía desgraciados a todos y yo, pensándome heroína, era su verdugo.

Pero eso no lo vi en ese momento.

Apretaba tanto el punzón en mi mano cuando le dije esas palabras, "me casaré contigo", que empecé a sangrar, pero no sentí dolor, el dolor lo llevaba dentro, en mi corazón.

El resto de los días que siguieron a este fueron de los peores que he pasado, y todo por mi causa. Por mi decisión.

Conforme íbamos saliendo de la cueva, tenía la sensación de que allí, en esas paredes oscuras, habían quedado mis sueños, mi mundo, mi vida.

Y, sin embargo, seguía sin hacer nada. Agaché la cabeza y caminé junto a Trec colina abajo.

De repente tuve una sensación en mi cuerpo, como si hubiese envejecido años.

Sentí un dolor en la parte alta de mi cuello, como si arrastrara un gran peso. El peso de mi cobardía.

Pero el peor de todos era el de mi alma, notaba cómo lloraba de desconsuelo.

NO NIEGUES LA VOZ DE TU ALMA, ELLA QUIERE LO MEJOR PARA TI, ESCÚCHALA.

La pregunta era:

¿Por qué estaba haciendo algo que mi alma no quería?

¿Por qué quería yo sacrificarme por los demás?

¿Qué buscaba con ello?

La respuesta a la primera pregunta era que tal vez me estaba castigando por algo.

NO ME CREÍA DIGNA de lo que la vida tenía para mí.

Mi sacrificio era, a lo mejor, una necesidad de reconocimiento.

O tuve miedo a lo que se esperaba de mí y cogí el camino fácil.

Desde aquí ahora se ve todo tan claro.

Buscaba el reconocimiento y me castigaba porque no había aprendido a quererme a mí misma, no lo suficiente.

Me habían pasado tantas cosas en tanto tiempo y había aprendido y cambiado tanto que creí que ya estaba todo hecho.

Pero ahora sé que nunca dejé de aprender, el aprendizaje es parte del camino, es para siempre.

Aprender, evolucionar, crecer. Hoy, desde aquí, postrada como estoy, me llevo mi último aprendizaje antes de morir.

Tenía tanto que aprender, tenía tanto que buscar en mi interior.

Me sentencié yo sola.

Conforme íbamos bajando la montaña, fui consciente de lo que había hecho.

Me dieron unas ganas terribles de correr. Pero mis pies permanecían quietos.

No quería enfrentarme a mi familia y Drog ¿qué pensaría él?

Rodaba una lágrima por mi mejilla.

¿Qué pasaría con Trec?, ¿se presentaría ante ellos sin más?, ¿no lo condenarían por lo que había hecho?

Algo de esperanza, con mi última pregunta, habitó en interior.

Entonces, como si me hubiese leído el pensamiento, me dijo:

—Vamos a ir a palacio, querrán condenarme por lo que he hecho, pero tú les dirás que, si no me condenan, Kun se quedará con ellos.

—Pero si te condenan, Trec, no hará falta que me case contigo, estando tú en la cárcel, nadie estará en peligro.

—¿Crees que no he pensado en eso?, tengo tu medallón, sé que para ti es importante y tengo el libro, podré escribir en él mi nuevo destino, como lo hice anoche.

¿Había escrito nuestro destino en el libro?, ¿era por eso que me sentía como si alguien guiara mi vida?

Repitió lo dicho:

—Recuerda, tú te casas conmigo, Kun se queda con ellos, me liberan de la condena y yo a cambio les dejo tranquilos.

¿Cómo iba yo a separarme de Kun?

Y otra vez leyó mis pensamientos.

—Kun estará mejor con ellos ¿no deseas que sea rey?, pues solo si está con ellos lo podrá ser. ¿No quieres tú lo mejor para él?, tendrás que ceder Aidil, por su bien.

Estaba aterrada, ahora era pánico lo que sentía en mi cuerpo.

—¿Qué pasará si no acepto, Trec?, ¿qué pasará si doy marcha atrás?

Su risa escalofriante lo dijo todo.

—Inténtalo, verás a tu hijo morir ante ti, a Drog ser repudiado por su pueblo y al resto de tu familia vivir con el dolor de que no hiciste nada por ellos. Aidil, tengo el poder de hacerlo, el libro me lo ha dado, sabes que es mágico, tú misma escribiste parte de tu destino.

»Además, no tengo nada que perder. Encontraré la otra mitad del medallón y, con él, poder reinar, es la llave para conseguir mi reino.

No entendía cómo se había enterado él del poder del medallón, pero lo cierto es que sabía lo que decía.

Yo había entrado en el Nuevo Reino con mis sueños, el medallón junto con mi mano lo abrían. Así lo vi en mis sueños. Pero esto no lo sabía Trec.

O tal vez sí.

Mi cabeza estaba echa un lío.

En cambio, sí sabía que con la otra mitad se unían los dos reinos.

El libro, tenía que ser por el libro.

En el libro de Rufos, Trec lo habría interpretado, la unión del medallón derribaba la Montaña Sagrada y abría las puertas para quien poseyera el medallón y en un Nuevo Reino pudiera reinar, siendo así él rey.

Pero…

Ese era mi destino. Era mi reino, mi hogar, ahora Trec me lo quería arrebatar.

¿En verdad podría él hacer daño a Kun y al resto de mi familia?

¿Cómo había cambiado tan rápido la historia?

CAPÍTULO 12

CONFIANZA CIEGA

Descubrí en esos tiempos que cada uno de nosotros somos creadores de nuestra vida, todo está en nosotros. Lo bueno, incluso lo malo que nos pasa, lo atraemos nosotros.

Este descubrimiento es el que me hace morir feliz, si todo está en mí, también dependía de mi poder ser feliz.

Pero cuando le dije a Trec que me casaría con él, todavía no sabía tanto. O no quise verlo.

Ahí me sentía acorralada, parecía incluso que había dado un paso atrás. Sin claridad, no podía pensar.

Él me dijo que era el libro, que había escrito nuestros destinos, yo le creí, por eso sucedió así.

Al creerlo le di permiso para que así fuera.

Inconscientemente.

Lo peor no había venido aún.

Recuerdo la cara de Drog al vernos llegar juntos, sin resistencia, y Trec me cogía fuerte de la mano, era su modo de mantenerme controlada.

No podía creer lo que estaba escuchando. Qué dolor debió pasar y todo por mi causa, sí, fue mi causa.

Después de pasar días agónicos buscándome, la búsqueda finalizaba de uno de los peores modos posibles para él. Me perdía y, tal vez, para siempre.

En esos momentos yo estaba más centrada en mi dolor, en lo mal que me sentía y en que yo sería infeliz, pero que, gracias a ello, ellos vivirían.

Fue después cuando comprendí el dolor que cada uno de ellos debió sentir por mi decisión. Y pensar que yo lo hacía por ellos.

Dios, que equivocada estaba.

Cuánto dolor nos hubiéramos ahorrado de seguir la voz de mi alma, solo tenía que escucharla y hacerle caso de una vez, pero no, la heroína se hacía la mártir, y como tal viviría.

Lo tenía bien merecido, por estúpida.

Trec se encargó de explicar bien todo lo que había planeado y cómo haría para no ser juzgado. Le había salido todo bien, en pocos días todo había cambiado a su favor.

Por otro lado, al bajar de la montaña me había dado cuenta de que el pueblo seguía igual de alterado, nada había cambiado.

No conseguían controlar a su pueblo y todo se les iba de las manos.

Se me encogió el alma cuando Drog me preguntó:

—¿Es lo que quieres, Aidil?

Trec apretó mi mano un poco más fuerte, a modo de amenaza.

Deseaba gritar que no quería eso, que deseaba estar con ellos, pero que lo hacía por salvar sus vidas.

Ayudadme, sola no puedo, gritaba mi interior, mi mente estaba nublada.

Pero ninguna de esas suplicas salió de mi boca.

Solo dije con un fino hilo de voz.

—Sí, eso quiero.

Ahí se derrumbó mi alma por completo, perdí todo lo que hasta el momento había conseguido.

Sus caras, las de todos, fueron un puñal en mi corazón.

Al parecer el cuerpo, o por lo menos el mío, para sobrevivir a todo este sufrimiento creó un escudo llamado ira.

Enfurecí contra todos ellos, me enfadé porque me estaban juzgando y nadie veía mi sacrificio. Qué sola me sentí.

Sola, enfadada, con ira y tremendamente infeliz y lejos de los míos.

¿Para eso había luchado yo todo este tiempo?

No podía creerlo.

Esto iba a ser uno de esos sueños y pronto me despertaría. Sí, eso era un mal sueño.

Me dejé manejar.

Dejaba que fuera Trec el que manejara la situación, yo solo lo seguía, ya se encargaba él de eso.

No me soltaba la mano ni un solo momento.

No, no fui yo en ese tiempo.

Ni de niña, ni después, con todo lo pasado, me había sentido tan mal como lo hacía ahora. Me sentía anulada.

Con todo lo que había aprendido y no era capaz de dirigir mi vida, era peor que en mi comienzo.

¿Dónde estaba Rufos? Ahora lo necesitaba.

No lo había visto desde el día que nos separamos en la casa donde nos capturó Trec.

CAPÍTULO 13

LA FUERZA DE CONFIAR

La gente tenía pánico colectivo, Un Mundo Nuevo estaba invadido por la incertidumbre y, lo peor de todo, era que la gente no sabía el motivo verdadero por el que se rebelaba.

Parecía como que todo se había dispuesto para crear la desarmonía y el conflicto.

Todos pensábamos lo mismo.

En negativo. La vida así nos lo disponía. Estábamos contagiados, unos a otros nos transmitíamos lo malo.

Lo único que en estos momentos me daba algo de esperanza era encontrar la solución a estos pensamientos tan negativos que tenía mi pueblo.

Pero los míos eran ahora nefastos, así no ayudaría a nadie.

Debía despertar y lo debía hacer rápido.

Necesitaba un tiempo para aclarar mis ideas, necesitaba tiempo para saber quién era y en quién me había convertido.

Esta avalancha que había caído encima de mí me inmovilizaba, física y mentalmente.

Después de todo lo acontecido y, sin saber ciertamente lo que hacía, salí del palacio, dejando atrás mi vida. La que tenía que haber sido, mi hijo, pero, aunque parezca mentira o una excusa para justificarme, en el fondo de mi alma, sabía que hallaría la solución a todo este conflicto.

La vida me ponía entre la espada y la pared.

Así pues, por ese motivo, no salí de allí, como si fuera una despedida.

Volvería, no sabía cuándo ni cómo, pero ellos eran los míos y con ellos quería estar, no tenía ninguna duda.

Mi parte guerrera no se daba por vencida.

Hablé después con Trec.

—Trec, necesito unos días antes de la boda para estar conmigo misma, quisiera estar sola en la Montaña Sagrada para poder meditar, solo te pido esto. He renunciado a todo, es lo único que te pido.

No sé muy bien por qué, pero me lo permitió.

Sentí que no era libre, pedir permiso me hacía otra vez esclava, volvía a mi cárcel de barrotes invisibles, pero, de momento, es lo que tenía.

Dos hombres me custodiaban a lo lejos, no me dejo sola, no confiaba en mí.

—Recuerda que tengo tu vida en mis manos, el libro, tu hijo, todo está ahora a mi favor.

Con estas palabras y su sonrisa maliciosa me dejó al pie de la Montaña Sagrada para que pudiera meditar en la soledad de mis pensamientos.

Me sentía una persona totalmente distinta, alguien que yo no quería habitaba en mi piel, tenía que descubrir por qué

me estaba dejando arrastrar por ello.

No sé el tiempo que tardaría en llegar a la cima, pero no tenía ninguna prisa, más bien lo contrario, estaba postergando mi decisión de casarme con Trec.

En el silencio de mi caminar, me sumergí en lo más profundo de mi ser y, olvidando todo lo que a mi alrededor había, me centré en mi alma. Sabía perfectamente que no deseaba casarme con Trec y que no quería alejarme de mi familia ¿entonces qué había sido lo que me había impulsado a decirle, sin casi ningún tipo de resistencia, que me casaría con él?

Tenía que saber la verdad, mi verdad, esa me haría libre.

Me extraño, en verdad, que ni Greg, ni Drog pusieran más resistencia que la de preguntarme si es lo que yo quería.

Esperaba más de ellos, que me retuvieran, que me impidieran marcharme, que alguien me suplicara, tal vez, que me quedara. Nada de eso paso, ni hubo grandes resistencias, ni Drog peleó con Trec por mí.

Me sorprendió tanto su modo de reaccionar que llegué a pensar que es eso lo que ellos deseaban, pensé que querían que me marchara y quedarse con Kun, así no interferiría con ellos en su educación.

Llegué a pensar que todo había sido una trama para liberarse de mí.

No podía haber caído más bajo, estaba en lo peor hacia mí misma, me sentía sola, vacía y que nadie me quería.

Ni siquiera Trec, que era un egoísta.

Sin embargo, con el tiempo descubrí que me había equivocado, ese día Trec fue de todo menos egoísta para conmigo.

Y como si de magia se tratara…

Entró en mi cuerpo un alma que no era la mía, unos sentimientos que no eran los míos.

Subí más rápido la montaña, estaba fuera de mí y la rabia que ahora sentía me hacía tener más fuerza.

Llegué a la cima sin casi darme cuenta y al llegar a lo alto, en contra de todas las normas establecidas, lancé un grito que me hizo estremecer hasta a mí.

Miré mis manos y no eran las mías, toqué mi rostro y no era el mío, ni mi pelo, ni mi voz, ni mis sentimientos.

Dejé de ser yo o la yo que venía siendo estos días.

Empecé a sentir lo que este nuevo cuerpo que había habitado en mí quería que supiera.

Y como si de magia se tratara, pude conectar con mi yo más mío, el de mi alma.

Este fue el viaje más profundo e intenso de mi vida.

Revelador, sin ninguna duda.

Viajé a la parte de mi interior que siempre me había negado.

Comprendí tanto de repente.

Mi yo protagonista.

Deseaba ser la protagonista de mi historia, la triunfadora, la heroína, la que todo lo puede. Deseaba ser el centro de todas las miradas, deseaba ser así de especial como todos me veían, me gustaba eso, lo quería en mi vida.

Desear eso me hizo ser quien no quería.

Necesitaba saber quién era.

Complacía para obtener la aprobación que tal vez nunca llegaba.

No es que fuera malo desear lo mejor para mi vida, todo lo contrario, hay que desearlo y desearlo con fuerza.

En lo que estuve equivocada es en el motivo de mi deseo. Deseaba ser todo eso, sobresalir por ser más que los demás, por ego.

Debía aprender a ser más por mí y para los demás.

Lo comprendí perfectamente cuando supe por qué le había dicho a Trec que me casaría con él.

Es lo que él esperaba de mí, quería complacerlo, pero no era por él, lo complacía buscando ser la heroína de mi historia.

No lo haces por nadie, ni por tu hijo, ni por tu familia, ni temes por sus vidas, lo haces por ti.

Me repetí esto varias veces.

Hay una vida que te espera y es muy grande lo que de ti se espera. ¿Acaso temes no ser lo que se espera, no dar la talla, no saber cómo llegar a ser esa reina que tanto amor da y tanto la aman?

Tienes miedo y te conformas con una vida que no deseas, por miedo.

Tienes miedo a decepcionar.

Tienes miedo a fracasar.

Tienes miedo a que no te quieran.

Estás donde no quieres por cobardía, por egoísmo, por poca confianza en ti misma.

No crees todavía que tú merezcas ser la reina que todos ven en ti.

No te ves grande.

Estás donde estás por ti, solo tú lo has decidido.

SUPERA TUS MIEDOS.

Piensa, Aidil, y sé sincera contigo misma. ¿Qué es lo que quieres en la vida? Pero, de verdad, de corazón.

Contesté con un fuerte grito, otra vez.

—¡Quiero ser feliz!

No es suficiente.

Entonces lo pensé, pensé qué quería.

—Quiero una vida plena, quiero el amor extraordinario.

¿No es el amor por Drog un amor extraordinario?

Sí lo era, era fantástico en todos los aspectos.

¿Entonces?

Fue como un bofetón bien dado.

Lo había deseado tanto, ese amor en mi vida que ahora que lo tenía, el miedo a no estar a la altura, el miedo a no ser lo que él esperaba de mí, el miedo a tantas cosas es lo que me hizo elegir a Trec. Inconscientemente.

Casarme con Trec era lo fácil, con él no me importaba estar a la altura ni tenía miedo a nada. No lo amaba.

Mis miedos me llevaban a la infelicidad y los disfrazaba de sacrificios. Me hacía la heroína para sentirme mejor.

Elegí el camino fácil aun sabiendo que iba a ser infeliz.

Pero encontré más dentro de mí.

Jamás se me dio nada bien relacionarme con las personas, recordaba una infancia solitaria y con pocos amigos.

Siempre esperé que fueran ellos los que me quisieran, siempre pensé que eran ellos los que me tenían que aceptar y no lo hacían. Nunca me daban lo que yo quería, su amor.

Lo vi claramente, me daban lo mismo que yo estaba dándoles en esos momentos: nada.

No esperes si no das. Da y recibirás.

CAPÍTULO 14

EL DESPERTAR DEFINITIVO

Da en la vida todo lo que de ella esperes, dalo sin esperar nada a cambio.

Recibirás, sin duda, lo que mereces.

¿Qué había dado yo en mi vida?

Fuera lo que fuera, lo hice esperando el reconocimiento.

Había hecho lo que se esperaba de mí, pero lo hice por mi egoísmo, por el reconocimiento.

Aidil, es hora que vivas la vida por ti. Da todo eso que tienes en tu interior, ellos te aman por ti, no por lo que les das. Tu amor es lo más grande que posees.

Olvida el miedo y vive sin él.

Sé más grande que tus miedos.

Esa cárcel de barrotes invisibles te la construyes tú y solo tú, derriba las murallas de una vez por todas.

No tenía que cambiar quién era, tenía que descartar lo que no quería de mí.

Tenía que despertar.

Había mucho camino por recorrer y yo estaba paralizada.

Todos tenemos derecho a equivocarnos y a rectificar.

Abrí los ojos y miré a lo lejos, se veía el pueblo, se intuía la incertidumbre de la gente.

Los entendía, yo me sentía igual.

Había llegado el momento de tomar acción, de despertar.

Los dos hombres permanecían quietos, a unos metros de mí. Estaban muy aburridos.

Desde donde yo estaba no había manera de que me perdieran de vista.

Pero yo había decidido que ya no quería estar allí.

Había notado que, en este tiempo de incertidumbre, había perdido mi magia, mi intuición. Nada extraordinario sucedía en mi vida, sobrevivía como lo hacía el resto del mundo, medio paralizada.

Pero había despertado. Nadie me iba a parar, nadie iba a decidir mi futuro por mí.

Sería yo la que escribiría el resto de mi vida.

Sin miedo.

Seguí el río con la mirada. Estaba a unos metros de mí y, como siempre, fluía a contracorriente.

Volví a mirar a los hombres, seguían inmersos en sus pensamientos.

Noté una fuerte corriente en mi cuerpo y vi los ojos de Kun que me miraban desde el río.

Lo supe en seguida.

Corrí, sin pensarlo dos veces me lancé al agua, las aguas formaron un remolino que me engullo para sacarme de allí y llevarme quién sabía a dónde. No importaba, no tenía miedo.

Ya no.

Desperté de mi letargo y de mi ahogamiento. Me sentía fuerte de nuevo, había mutado de piel y de pensamiento, regresaba y esta vez para no irse jamás Aidil, Reina del Amor, en todo su esplendor.

Qué sensación tan buena volvía a tener y que alegría al volver a ver a Rufos a mi lado.

Como siempre hacía él, me había salvado, sacándome del agua y entrando en mi mente para hacerme ver la realidad de mis sueños.

Era mi salvador.

CAPÍTULO 15

MI YO INTERNO

—Rufos, cuéntame ¿qué ha pasado?

Necesitaba saber cómo estaban las cosas, cómo había llegado allí y dónde había estado este tiempo.

—Mi reina, como ya sabrás, yo solo puedo ayudarte cuando tú quieres que lo haga, eres tú la que me llama y yo acudo en tu busca. Te has pasado días paralizada. Pero por fin has reaccionado, es hora de tomar acción, tenemos que hacerlo rápido.

—Pero, Rufos, hay algo que me inquieta mucho.

Dudé en si decírselo, pero lo hice.

—Drog no puso mucha resistencia a mi casamiento con Trec, esperaba mucho más de él.

Me sentí egoísta al decirlo, pero necesitaba expresarlo en voz alta.

—Querida Aidil, hablemos.

Él estaba tranquilo, como siempre, y yo me estaba impacientando, necesitaba saberlo todo, parecía que me había perdido parte de mi propia historia.

—Aidil, tu bien sabes del poder de Greg, tú lo tienes también, puedes viajar con tu mente. No son sueños, son realidades. Él sabía en todo momento qué había pasado, pero también sabía que era parte de tu camino, todavía no había acabado.

»Llegaste aquí todavía con medio camino por recorrer. Avisó a Drog de lo que sucedería, le dijo como tenía que actuar para mantener así a Trec confiado, y así lo hizo. Cumplió las órdenes de Greg, pero moría por dentro, temía perderte.

»Pero, aun así, una vez más, confió ciegamente en tu padre. Greg le prometió que volverías. Drog espera tu regreso y sí que te ama, con locura. Tampoco él dudó de tu amor por él, él bien sabe por qué lo hiciste.

Me sentí muy aliviada.

—Entonces, Rufos, debemos actuar, mi familia y el mundo espera por mí.

Sabía bien lo que tenía que hacer.

Recuperar el libro y el medallón, eran las puertas para conseguir la paz en Un Mundo Nuevo.

Trec no podía haber escrito mi vida por mí, ahora lo veía claro, me mintió y yo caí en su trampa.

TODO EN LA VIDA TIENE LA IMPORTANCIA QUE TÚ LE DES.

Solo yo podía escribir por mí mi vida y ahora iba a hacerlo.

La gente del pueblo seguía sin saber quién era yo, mezclarme entre ellos sería fácil. Pero Trec me buscaría, tenía que tener mucho cuidado.

Rufos conocía muy bien la Montaña Sagrada, se sabía sus cuevas y pasadizos, no quiso decirme el porqué de su conocimiento. Siempre tan misterioso conmigo.

—Eso no importa, Aidil —me contestó—. Estos lugares son secretos para el resto del mundo, Aidil. Somos conocedores de un Nuevo Reino.

Sí, en mis sueños lo había visto claro y sabía que ese reino también me pertenecía a mí.

Rufos había pensado en todo, me había traído ropas limpias, las que llevaba estaban ensangrentadas, y una capa para cubrir mi rostro, por si la necesitaba.

Me acompañó hasta la parte más baja de la montaña y me guio por donde debía llegar al pueblo. Después nuestros caminos se separaron de nuevo y, como siempre, me dijo:

—Nos volveremos a ver, mi reina, espero que esta vez sea ya para siempre.

Él siempre tan misterioso, pero yo había aprendido a no preguntar, él me decía lo que debía saber y lo que no, lo tenía que descubrir yo sola.

Mi primer impulso era ir a palacio, pero de esto también me había advertido Rufos.

—Soluciona primero lo que tienes que solucionar. Tú sabes cuáles son ahora las prioridades.

Así lo haría por muchas ganas que tuviera de correr con ellos.

Me uní a un grupo de mujeres que había en la plaza, alborotadas, hablaban en voz alta y estaban nerviosas.

—¿Qué pasa? —pregunté.

—¿En qué mundo vives, niña? —me contestó la más anciana de ellas—. Acaso no sabes que el hermano del rey ha anunciado a su boda.

—¿Se casa? —pregunté—. ¿Con quién?

Me miraron todas extrañadas, me analizaron más bien, desconfiando de mí.

Tenía que ser más prudente.

—Eso ya no importa —dijo la anciana—, la muchacha a desaparecido en la Montaña Sagrada.

—¿Desaparecido? —repetí.

—Sí, niña, sí ¿acaso no sabes la historia?

No me atrevía a preguntar, pero ¿de qué historia de que estaban hablando?

Pero el chisme pudo más y ellas solas me lo contaron.

—Existe una leyenda en nuestro mundo, corría de boca en boca desde hace siglos, pero jamás nadie pudo decir que era cierta.

»La leyenda dice que a nuestro mundo llegaría una muchacha, de una gran belleza que nadaría a contracorriente y que rompería montañas y atravesaría mundos para traer la paz en el momento más justo. Sería Reina del Amor y reinaría un Nuevo Reino.

—Pero… ¿Qué tiene que ver la leyenda con la muchacha desaparecida?

Apreté los dientes, me miraron otra vez sorprendidas.

—Nadie hasta ahora ha salido sano y salvo de las aguas del río, sus aguas se tragan a quien en ellas se mete, por eso, aquí hace años que nadie entra en el río.

¿Pero cómo sabían que había salido sana y salva?

—Sus ropas han aparecido en la orilla del río, junto a ellas había un gran corazón con unas alas blancas anunciando LIBERTAD.

Rufos, estaba segura, él se habría encargado de que todos supieran de mi llegada.

—¿Eso es bueno para nosotros? —pregunté.

—Muchacha, eso sería la libertad que tanto estamos esperando. Ella, según la leyenda, sabrá cómo hacerlo.

Había leído la historia en el libro de Rufos, la libertad de la que ellas hablaban era algo más, era libertad del alma.

Tenía que encontrar el medallón y unir los dos mundos, estaba en mis manos la libertad de esta gente. Sus almas necesitaban una guía y esa era yo.

Necesitaba ayuda.

Alguien tenía que ayudarme.

¿Dónde encontraría a Trec?, ¿cómo le cogería mi medallón?

Levanté la vista y vi a lo lejos a la mujer que me había ayudado.

Tenía que hablar con ella.

Corrí para alcanzarla, llevaba mi capucha puesta, quería que no me reconociera, no de momento.

—Perdona —le dije—. Necesito tu ayuda.

Ella me miró sorprendida.

—No es aquí donde esperaba que estuvieras —me dijo.

Seguramente había escuchado hablar de mí, tal vez sabía quién era yo en realidad. Pero yo no tenía tiempo de dar explicaciones, quería el medallón y acabar con esta pesadilla de una vez por todas.

Estaba aterrada por lo que le iba a revelar, nunca lo había hecho en voz alta, pero…

—Estoy bien, pero necesito encontrar a Trec ¿tú sabes dónde está?

Me dijo que no, pero se notaba que mentía, tenía miedo, se le veía en la cara.

—No solo es por mí, es por todos, debes ayudarme, te recompensaré, pero es por nuestro pueblo. Sabes bien de lo que es capaz Trec, hará mucho daño si no lo paramos. Tiene un libro en su poder ¿sabes de lo que hablo?

Estaba aterrada, pero la necesitaba, era mi única esperanza. La cogí del brazo y, apretándola suavemente en un gesto de cariño, le dije:

—Soy Aidil, Reina del Amor, ayúdame a crear un Nuevo Reino. La gente aclama libertad, debo ayudarles.

Así, sin más, me miró fijamente a los ojos y me dijo:

—El libro está en la casa donde te cautivaron, pero lo vigilan, no dejan que nadie se acerque. Está en la habitación que hay en la entrada a mano derecha, pero estate atenta, hay un hombre siempre dentro.

»Yo ya no trabajo allí, me echaron por dejarte la puerta abierta, pero sé que Trec duerme allí, solo va por las noches. Buscaban una sirvienta, tal vez todavía la necesiten. Durante el día no tienes peligro, Trec no te verá.

No lo pensé ni un solo momento, cogí de las manos de la mujer un cuchillo que llevaba. Seguro para defenderse, andaba con mucho miedo.

Con un rápido movimiento, corte mi larga melena a ras de mis orejas. No quería que me reconocieran en la casa, mi pelo era muy llamativo.

Ella se quedó con la boca abierta, pero entendió perfectamente lo que hacía.

No había tiempo que perder, me dirigí a la casa y, sin dudar, llamé a la puerta.

Abrió un hombre de tez oscura y expresión enfadada.

—Soy sirvienta, busco trabajo, sé que necesitáis una.

Le dije muy segura de mi misma.

Tuve suerte, todavía no tenían a nadie.

Me hizo entrar y, justo al pasar por delante de la puerta de la habitación que estaba el libro, me dijo:

—Aquí no puedes entrar, por nada del mundo.

—Mejor —le contesté, menos que limpiar.

Quería no mostrar interés, parece que funcionó.

Trabajaría solo por el día. No querían a nadie allí de noche.

Me explicó mis tareas, pero no presté atención, no era mi intención quedarme mucho tiempo. Cogería mi libro y me marcharía lo más pronto posible.

Ahora mi cabeza le daba vueltas a cómo conseguirlo.

Y el medallón…

Era más importante, pero más difícil de conseguir.

La casa estaba tranquila, no vi a nadie más, excepto al hombre que me abrió la puerta.

Pero sabía que dentro, en la habitación, había otro hombre. Así me lo dijo la mujer.

No importaba lo mucho que me costara, de allí saldría con el libro y el medallón.

CAPÍTULO 16

EL AMOR Y SUS CONSECUENCIAS

Me había metido yo sola en la boca del lobo, pero algo me decía, o era mi confianza en mí misma, que todo saldría bien.

Me pasé el resto del día analizando la casa.

Mientras hacía mis labores.

Procuré no hacer nada que llamara la atención, quería que confiara en mí.

Cada vez que pasaba por delante de la puerta donde se suponía que estaba el libro, la tentación de abrirla era muy fuerte, pero de momento me había contenido.

¿Dónde estaría Trec?, ¿qué estaría haciendo?

Ese día, al anochecer, me despedí apresurada, no quería que Trec me viera, pero comprendí que la única manera de arrebatarle el medallón era estando con él.

No sabía cómo lo haría.

De momento, quería averiguar cuáles eran sus entradas y salidas, saber de qué horas disponía.

Salí de la casa. Esperaría su llegada.

—Mañana nos veremos —dije.

Me resguardé en un callejón. Era curioso cómo al llegar la noche, el pueblo quedaba vacío y en silencio.

Desde donde estaba, podía ver la entrada.

No pasaron ni veinte minutos cuando apareció él con otro de sus hombres.

Entraron en la casa.

Estaba muy intrigada y siempre supe que la curiosidad mata al gato, pero había mucho en juego.

Quien no arriesga, no gana. Pensé.

Habían encendido las luces de la casa, estaba anocheciendo.

Desde fuera podía ver el movimiento de los hombres, de un lado a otro.

Me acerqué un poco más, fuera estaba casi oscuro, era difícil que me vieran, así que me adelanté y asomé la cabeza por la ventana donde más luz salía.

Era la habitación donde se encontraba el libro.

El hombre que había entrado con Trec estaba sentado frente a él, parecía que lo estaba analizando.

Al girar sus páginas vi lo que había imaginado. No podían entender su idioma, estaba escrito de la manera que yo lo vi en la cabaña.

Entró Trec en la habitación.

El hombre le dijo:

—No es ningún idioma conocido, no puedo saber qué es lo que dice.

Giró otra página, estaba en blanco, pero en unos segundos y frente a su mirada atónita se empezó a escribir algo en ellas.

TU PODER ES MAS GRANDE QUE EL DE ELLOS. UTILÍZALO.

Parecía que fuera dirigido a mí, sentí como si el libro me hablara a mí.

Entonces levanté la vista y los vi a los dos, intentando desvelar lo que allí se había escrito. No podían entenderlo, solo yo lo había hecho.

Me estaba guiando a mí.

Yo lo había notado, sabía que tenía un gran poder, había curado al oso, incluso a Trec, pero era de una manera incontrolada, no sabía realmente como lo hacía.

¿A qué poder se refería ahora? Nadie necesitaba ser curado, no entendía y necesitaba hacerlo, de ello dependía mi gente.

Estaba perdida, necesitaba claridad, pensar con sosiego.

Me retiré de allí sin saber a dónde ir, pero tenía que buscar un lugar donde pasar la noche.

Una vez más, la vida me ponía delante a las personas necesarias para poder avanzar.

La misma mujer que me había ayudado, me esperaba al final de la calle.

Me acerqué a ella. Esta vez sí me hablo.

—La casa tiene otra salida, detrás hay un pequeño patio, hay una puerta, está escondida detrás de unos arbustos, creo que ni ellos saben que está ahí. Esa casa fue de mi abuela, la conozco bien.

Esa información me valía mucho, podría entrar por la noche sin que nadie me viera.

—Puedes pasar la noche en mi casa —me dijo.

Se lo agradecí y acepté encantada.

—Mi nombre es Zafiro.

Caminamos Zafiro y yo el resto del trayecto en silencio, yo estaba sumergida en mis pensamientos. ¿De qué poder me hablaba el libro?, no paraba de darle vueltas a ello.

Sé que ella tenía mucha curiosidad en saber mi historia, pero no preguntó. Sin embargo, me llamó la atención que, aun sin conocerme, no dudaba de quién era yo.

Me trataba con mucho respeto, incluso guardando las distancias, con la mirada baja.

La miré a los ojos y le dije:

—Zafiro, soy una persona como tú, trátame como tal. Agradezco muchísimo tu ayuda, no lo olvidaré.

Le di un abrazo que pareció reconfortarla mucho. Me dio la sensación de que su alma sufría mucho.

En el silencio de la noche, en mi habitación, la escuché llorar.

En mi cabeza daban vueltas una y otra vez las palabras escritas en el libro. Mi poder ¿qué poder era ese?

Otra vez esa noche, volví a viajar en sueños.

No lo hacía sola, Drog estaba ahora conmigo y sentí que estaba en la cama a mi lado.

—Ya no vuelas sola, Aidil, lo hacemos juntos.

Me sentí tan reconfortada.

Lo necesitaba tanto.

Me cogió de la mano y juntos sobrevolamos el Nuevo Reino.

Era tan reconfortante, había tanta paz y amor.

Nos sentimos libres.

—Aidil, este tu reino, te espera, debes saber que he entendido lo que siempre quisiste que viera de Trec. Ahora puedo volar contigo porque me siento libre de las cadenas que arrastraba. Gracias a ti, tienes un poder que debes compartir, el poder del amor.

Y, sin saberlo o a conciencia, Drog desvelaba mi enigma.

Mi gran poder era el AMOR. Nada más ni nada menos.

¿Pero cómo lo utilizaría con Trec?

Parecía que nada lo podría hacer entrar en razón, parecía que su corazón era impenetrable.

Demasiado sufrimiento arrastraba.

Dudaba en esos momentos que Trec pudiera amar a alguien.

También me equivoqué en eso.

Debía a aprender a no prejuzgar a nadie.

CAPÍTULO 17

REVELACIONES SOBRE EL AMOR

Miré a Drog agradecida.

Que volara junto a mí, conmigo, significaba mucho más que un simple vuelo.

Estaba conmigo a todas. Confiaba en mí.

En esos momentos necesitaba saberlo, por él, de su boca, y ahí estaba diciéndome lo que tanto necesitaba.

Siempre había escuchado que el amor movía montañas, era hora de comprobarlo.

Desperté en mitad de la noche en mi cama, sola, pero no me sentía de ningún modo así. No estaba sola, no lo había estado nunca.

Como si alguien me guiara, me levanté y fui a ver a Zafiro. Ella me necesitaba.

Me tomé la libertad de recostarme a su lado, seguía llorando, sin embargo, estaba dormida.

La calmé con mi abrazo y, al notarme a su lado, despertó. No se movió, se dejó mimar.

No hablamos, no dijimos nada, pero mi presencia la había ayudado.

Se fue calmando poco a poco.

Yo quería que supiera que no estaba sola, sabía lo que mal que se siente una pensando que está sola.

—No estás sola —le dije.

Tomó aire como aliviada y empezó a hablar.

—Lo amo con locura, siempre lo he hecho, desde niña. Él me decía que también me quería, que formaríamos una familia, que reinaríamos juntos. El reino no me importa. Lo amo a él, le di mi vida y me entregué a él, en cuerpo y alma.

»¿Sabes?, tengo un hijo, de la misma edad que el tuyo. No era verdad que había muerto, pero casi vivo como si lo estuviera porque no sé dónde está, él me lo ha quitado, no tengo nada.

»Me prometió que nos casaríamos, cuando tuviera el reino, y me sacaría a la luz a mí y a mi hijo, pero apareciste tú y mi sueño se desvaneció. Sigo amándolo a pesar de todo y muero cuando escucho que te ama a ti.

No podía creerlo, Trec tenía un hijo.

Ella siguió con su relato.

—Daría mi vida por él, pero necesito encontrar a mi hijo, me tenía en la casa, pero me echó cuando supo que te había ayudado. Él sabe que no hablaré con nadie, tengo miedo de que le haga mal a nuestro hijo y así me tiene a su disposición, con sus amenazas. Pero no puedo más. Necesito tu ayuda.

Amaba a Trec, sin duda, a pesar del daño que le había hecho, seguía amándolo. Pero no se quería a ella misma.

—No estás sola, Zafiro, te tienes a ti, juntas lo encontraremos. Confía.

Ni el guerrero más fuerte ni el hombre más ruin, ni la persona más desdichada, se escapaba de los sentimientos del

amor o del desamor, todos estábamos afectados por él, positiva o negativamente.

El amor o la falta de él nos hacía ser como éramos.

Pero todos, todos, queríamos ser amados.

Trec también, lo había visto ahora claramente.

Seguimos abrazadas el resto de la noche.

Y como todos estábamos conectados, vi claramente el interior de Zafiro. Era un alma triste, pero sincera.

La ayudaría a que viera el camino.

CAPÍTULO 18

EL LIBRO

Me desperté con ganas de volver a la casa, quería avanzar y debía hacerlo pronto.

Romper las barreras que me impedían hacerlo, las del miedo.

—Has venido, pronto —me dijo el hombre.

Pero yo sabía bien lo que me hacía, aun a riesgo de que Trec me viera…

Me metí en la cocina y escuché a Trec hablar en el salón.

—Regresaré como siempre, al anochecer.

Debía seguirlo, tal vez me descubriera, pero debía hacerlo.

Escuché la puerta cerrarse y corrí tras él.

Nadie me vio salir.

Caminaba rápido, con paso firme, lo perdería pronto si no me daba prisa, pero no quería ser descubierta, quería saber a dónde iba.

Mi intuición me decía que iría a ver a su hijo.

Después de girar dos calles y llegar a un callejón sin salida y poco transitado, entró en una vieja casa.

Estuvo tiempo allí, pero yo no podía esperar, tenía que regresar, no quería que notaran mi ausencia.

Pero había sido fácil encontrarlo ¿cómo no sabía ella, Zafiro, dónde estaba?

Me apresuré a llegar y el hombre me esperaba enfadado.

—¿De dónde vienes muchacha?

—Salí a hacer un encargo.

—No te pagamos para que salgas a pasear.

Como no quería problemas, me aparté de su vista y me dediqué a mis tareas, entre ellas, buscar la puerta del patio trasera.

En verdad estaba muy escondida, pero sí estaba tal como me había dicho Zafiro.

Abrí el cerrojo y lo dejé abierto.

Me metí en la casa y busqué en la habitación de Trec, algo tenía que haber allí que me hiciera saber cuál era mi siguiente paso.

Rebusqué deprisa en los cajones, pero no había nada. Cuando estaba dispuesta a salir vi que en una pequeña caja estaba escondida una llave. La cogí.

El hombre me vigilaba, no confiaba en mí.

Hice como que limpiaba la habitación y le regalé una sonrisa que no me fue devuelta.

Tendría poco tiempo, debía descubrir de dónde era la llave, tenía que ser rápida.

Pasé por delante de la habitación, miré el cerrojo, pero no podía saber con certeza. Estaba casi segura de que sería la llave.

Me desilusioné por no saber con certeza, pero no me rendía.

Lo comprobaría.

No pude encontrar nada más durante el resto del día.

Al llegar a la casa, Zafiro estaba allí.

—Zafiro, esta mañana seguí a Trec y lo vi entrar en una vieja casa, pienso que es allí donde tiene a tu hijo. No entiendo como tú no sabías esto, puesto que ha sido fácil encontrarlo.

Ella bajo la mirada y con voz triste dijo:

—Ahí está su madre, la que le dio la vida, también se lo arrancaron de sus brazos. Está enferma, él se ocupa de ella. Yo le ayudo.

Trec sí tenía corazón.

No dejaba de sorprenderme su historia.

Decidí que esa misma noche iría a su casa. Entraría por la puerta de atrás, cuando todos durmieran.

No se lo dije siquiera a Zafiro, no sé bien el porqué.

Esperé en mi cuarto a que pasaran las horas, parecía que la noche no avanzara, pensé en mi hijo y en las ganas que tenía de verlo. Qué mal se debía de sentir Zafiro sin su hijo.

Así se debió de sentir la madre de Trec ¿por qué hacía él lo mismo?

Salí despacio, no quería despertarla. Salí a la calle y me dirigí hacia la casa.

Las calles estaban desiertas. La gente olvidaba todos sus problemas al anochecer y prefería el resguardo de su casa.

No vi ninguna luz en la casa encendida, pasé por delante de la puerta principal y estaba todo en silencio.

La parte de atrás daba a unos campos de difícil acceso, pero me metí en ellos y busqué por donde estaría la puerta.

Era una noche de luna y eso me ayudaba a ver por dónde andaba.

Al final vi una pared recubierta, igualmente como estaba por el otro lado, de matorrales y malas hierbas.

Con las manos arranqué y escarbé hasta que por fin di con ella.

Empuje con fuerza, estaba atrancada, pero logre abrirla.

Me metí en silencio en el patio de la casa.

Había dejado la puerta interior abierta.

Ahora que ya estaba dentro de la casa, la oscuridad me impedía ver. Dejé que mis ojos se adaptaran y, aunque no veía bien, algo podía avanzar.

Fui directa a por el libro.

Metí la llave en el cerrojo, apretaba tanto los dientes en ese momento que parecía que iba a rompérmelos.

Giré despacio y oí el clic que me acercaba a mi destino.

¡Se abrió la puerta! Casi no podía creerlo, pero reaccioné rápido y me metí dentro.

Cogí el libro y, sin mirar atrás, salí de allí casi corriendo, no sin antes cerrar la puerta de nuevo con llave.

Al pasar por delante de la habitación de Trec, frené en seco.

El medallón. Podría tal vez cogerlo.

No tendría muchas más posibilidades de cogerlo, si descubrían que faltaba el libro no tardarían en saber que había sido yo.

Dudé, el miedo volvía a paralizar mis pies.

En mi mente regresaron la imagen de Kun y Drog.

¡No vuelas sola!, no, no estaba sola.

Tardé unos segundos en reaccionar, que me parecieron eternos, dejé el libro en las puertas del patio y volví con mucho sigilo.

Se escuchó un ruido y, sin mirar siquiera donde iba, me metí en la habitación de en frente.

Recordaba bien donde estaba, había estado ahí con Rufos.

Creo que ni siquiera respiraba en esos momentos, inmóvil, sin aliento.

Abrí la puerta y miré, era Trec había salido de su habitación.

Y otra vez, sin pensarlo, me metí en ella. Tuve el tiempo justo de volver a dejar la llave en su sitio.

Me dispuse a salir, pero ya no tuve tiempo, al oírlo regresar me metí debajo de su cama.

El corazón me latía a mil por hora.

Tenía miedo de que lo pudiera escuchar de lo fuerte que sonaba.

Estaba nerviosa, pero me mantuve quieta, seguía paralizada.

No sé ni el tiempo que transcurrió, tal vez minutos, tal vez horas, a mí me pareció eterno. Cuando pensé que ya había pasado el tiempo suficiente y Trec estaría dormido, me arrastré de nuevo, sin respirar.

Mi cuerpo parecía quererme desvelar, retronaba en cada movimiento y me resultaba muy difícil avanzar.

Por suerte, Trec dormía profundamente.

Me arrastré hasta la puerta, no me atreví a cogerle el medallón, las fuerzas me dieron lo justo para salir de allí como alma que llevaba al diablo.

Arrastrada, aterrada, pero logré llegar hasta el patio, dejando las puertas cerradas a mi paso.

Cogí el libro y ahora sí que no mire atrás, corrí calle abajo. Mis piernas no daban más de sí.

Me metí otra vez en silencio en la casa de Zafiro.

Tenía que calmarme, recuperar el aliento.

Respiré profundamente de alivio y, justo cuando entraba en mi habitación, la puerta de ella, la de Zafiro, se abría despacio.

Tuve el tiempo de dejar el libro dentro, cerré y, con una sonrisa y unos buenos días, como si hubiera dormido plácidamente toda la noche, la recibí a ella.

—Qué madrugadora eres —me dijo—, si ya estás vestida y todo.

—Quería limpiar mi cuarto antes de salir a trabajar, quiero ayudarte, ya que tú eres tan buena conmigo.

—No te preocupes, Aidil, tengo mucho tiempo, lo haré yo por ti.

Pero no quería que viera el libro en mi poder, ella, al parecer, mantenía el contacto con Trec, y una mujer enamorada era muy fácil de convencer y ella lo amaba y mucho.

Pero tampoco quise que pensara que ocultaba algo, así que tendría que arriesgarme.

—Está bien —le dije—. Ya que estoy levantada desayunaremos juntas ¿te parece?

Le gustó la idea, yo aproveché el momento mientras ella se adelantaba a la cocina para esconder el libro.

—Voy enseguida —le dije.

CAPÍTULO 19

LA VERDAD

Entre las carreras y lo precipitado de la situación, no había tenido tiempo de ver el libro, mirarlo con atención.

En la habitación, con la luz de la lámpara, lo miré unos segundos.

Pasé mi mano por sus tapas y noté una vibración que entraba en mi cuerpo.

Volví a sentir esa magia que había sentido días atrás en mi camino por encontrarme a mí misma, algo conectaba conmigo de nuevo.

La magia regresaba poco a poco a mi cuerpo. Me había sentido tan perdida estos días, tan falta de esa fuerza que me impulsara a conseguir lo que quisiera, que me sentí renacer en ese momento. Mi mente parecía obtener claridad y mi cuerpo calma y serenidad.

Lo que más deseaba en ese momento era abrirlo de nuevo y ver qué había cambiado, entender mi mensaje y buscar el camino.

Pero Zafiro me llamaba. Lo escondí debajo de la cama y salí de mi cuarto con la esperanza que no lo descubriera, sería un día largo el de hoy.

Nada más entrar en la cocina ella me miró extrañada.

—¿Qué has hecho? —me preguntó.

Yo me quedé sorprendida. A que se refería ¿lo sabía?

Pero rápidamente y sin esperar mi respuesta me dijo:

—Estás hoy más bella que nunca.

Yo sentía esa fuerza que emanaba de mí, pero no pensé que fuera visible a los demás.

Volvieron las palabras a mi mente.

TU PODER ES MAS GRANDE QUE EL DE ELLOS, UTILÍZALO.

Miraba a Zafiro, como se desenvolvía en la cocina, me había sentado en la mesa, que ya estaba dispuesta. Se había empeñado en tratarme como una reina.

Y mi mente, sin saber cómo, entró en la suya.

El dolor la sobrepasaba.

Había una angustia que, más allá de la preocupación de no ver a su hijo, la atormentaba.

Sentí un dolor, o más que dolor una tristeza del alma, que no supe en ese momento identificar.

—¿Por qué vives sola? —pregunté sin saber muy bien por qué.

Se quedó inmóvil, de espaldas a mí. Se agarró levemente al banco de la cocina y noté como respiraba e intentaba contenerse.

Me levanté y me acerqué a ella.

Una lágrima rodaba por su mejilla.

—Estaré bien —dijo.

Y fue al mirarla a los ojos cuando vi claramente que era lo que la atormentaba.

Sin decir una palabra me lo dijo.

ZAFIRO

Desde niña lo amé, ha sido el amor de mi vida.

Él nunca me hizo el caso que yo quería. Tenía a sus pies a la muchacha que quisiera.

Ninguna le interesaba en especial, pero se entretenía con todas.

Yo lo observaba desde lejos, sin decirle nada.

Creo que en esos momentos no sabía que yo existía, era una chica normal que vivía en un barrio normal, rodeado de gente normal.

Él pertenecía a la realeza. Y quería mucho más en su vida.

No sería yo la que él eligiera para vivir su vida.

Crecí más triste que feliz pensando lo que no tendría.

Mi vida no tenía nada de especial, vivía por él y por él moría en el silencio de mi cuarto cuando dormía.

Recuerdo bien ese día que me miró.

No cabía en mí de alegría, una sola mirada suya y parecía que me había devuelto la vida.

No quería ni pensar que sería sentir sus labios con los míos, su mano con la mía.

Ese día fue el primer día que me vio.

Tal vez cansado de las chicas que lo perseguían, interesadas por lo que tenía y no por lo que era.

Tal vez vio algo en mí que las otras no tenían.

No lo sé, pero yo me conformaba con lo que me quisiera dar.

Quería estar con él y no me importaba lo que había visto en mí.

Así empezó nuestra historia de amor y desamor.

Un tira y afloja en conformarme yo en lo que él estaba dispuesto a darme y en lo que verdaderamente necesitaba.

No era la historia que yo había soñado, mi príncipe no me trataba como una princesa y, lo peor de todo, es que me conformé, callé y el dolor se fue acumulando en mi alma.

Aun así, sabiendo que no me daba lo que yo merecía, solo tenía que llamarme y yo acudía a sus pies como un títere que esperaba a ver qué estaba dispuesto a entregarme él ese día.

Nunca era lo que yo quería. No contaba lo que yo sentía. Mi sentimiento era invisible, al igual que mis necesidades con él.

Amor, solo eso y todo eso. Yo lo amaba con todas mis fuerzas.

Cuando me quede embarazada, me acusó de todo lo posible.

Que lo había engañado con otro, que no sería de él.

Nunca mi cuerpo había estado con otro hombre ni siquiera en pensamiento, era totalmente suya.

Lloraba desconsolada jurándole que era suyo, que él era mi único amor y este era nuestro fruto.

Después me acuso de haberlo hecho para así casarme con él. Que ese era mi propósito desde el principio.

Quería casarme con él, cierto, pero no me importaba en absoluto vivir en la casa más humilde de este mundo, solo con estar con él me era suficiente.

Así se lo hice saber.

Pero él siempre quería más, un más que yo no podía darle.

Mis padres me repudiaron, cuando se enteraron de mi embarazo me echaron de su casa.

Trec me tenía en su casa como sirvienta.

Me prometió que cuando fuera rey se casaría conmigo, pero de momento lo mantendríamos en secreto por su bien.

Yo accedí como siempre, lo creí, quería creerlo.

Todo este tiempo que estuve sirviendo en su casa, embarazada, no salí a la calle, nadie me vio, solo sus hombres.

Pero nadie preguntó, no sé siquiera si sabían quién era yo. Para ellos sería, seguramente, solo una sirvienta más.

Cuando nació mi hijo dijo que lo teníamos que ocultar. Yo me negué, quería tenerlo conmigo, criarlo, era su madre, necesitaba estar con él. Era lo único que tenía en esos momentos.

Nuevamente me convenció con sus palabras y arrumacos, y yo me dejé convencer.

Solo con abrir la boca me tenía a sus pies como un perro hambriento, había perdido mi voluntad y el amor propio.

Pero no perdí la esperanza. Todo saldría bien, viviríamos juntos con nuestro hijo, debía aguantar un poco más y sería feliz por fin con mi amado.

Los días que desapareció fueron los peores de mi vida.

Creí que jamás volvería.

Nadie lo echaba de menos, nadie como yo.

Y yo sin saber siquiera dónde estaba mi hijo.

Temí que, si no volvía, jamás me reencontraría con mi hijo.

Puedes imaginar la alegría que sentí al saber que había regresado.

Volví a tener esperanza, esta vez estaríamos juntos.

La noche que lo vi, después de su regreso, volvió a la casa muy nervioso.

Casi ni me miro y parecía obsesionado. Algo distinto le había pasado durante su desaparición.

Se encerraron en la habitación de la entrada y allí pasaron la noche él y otro hombre más.

Yo estaba preocupada, no sabía que había pasado, pero me sentía contenta por su regreso. Trec estaba en casa y para mí eso era suficiente.

Esa mañana, cuando te vi encerrada en la habitación, no sabía quién eras.

Me conmovió tu historia, la de tu hijo.

Abrí tu puerta sin saber quién eras, pero te aseguro que, si lo hubiera sabido, lo hubiera hecho antes, para que te alejaras rápido de él.

Se pasó los días siguientes nervioso y apenas aparecía por la casa.

Y después, al ayudarte, me echó de su lado, otra vez como un perro sin dueño.

Imagina mi sorpresa cuando un día desperté con la noticia.

Trec se había comprometido.

Y no era yo la afortunada, yo solo era una criada que había pasado por su vida.

Sentí tanta rabia, un dolor intenso recorrió mi cuerpo.

"Ilusa de mí", pensé. Había vuelto a tener esperanza, no escarmentaba.

Yo lo había creído, siempre tuve la esperanza de que se casaría conmigo.

Ahora estaba todo perdido.

El día que te vi en la calle te reconocí de inmediato.

Sentí un odio profundo hacia ti, pero me duró poco, no podía odiarte, desprendes algo que me impide hacerlo.

No te odie, pero sí te he traicionado.

En un último intento de ganarme a Trec, anoche fui a su casa, le confesé donde estabas, sabe que estás aquí y que sirves en su casa.

No es que te quiera hacer mal a ti, quería ganármelo a él.

Como siempre, hoy he despertado sabiendo que me había equivocado, otra vez.

Y ahora me muero por dentro, quieres ayudarme y yo te he traicionado.

Pero creo que al fin he despertado, él no me ama y tal vez no lo haga nunca.

Había aprendido Zafiro la lección.

Quien te quiere, no te hace sufrir.

CAPÍTULO 28

CAMBIO DE RUMBO

No podía creerlo, cómo había cambiado otra vez, de repente, la historia.

Qué debía hacer ahora.

Sin el medallón, pero tenía el libro.

Tal vez era hora de volver a palacio, a casa con los míos.

Desde allí, juntos seríamos más fuertes.

NO VOLABA SOLA.

Aprendí que aceptar la ayuda cuando uno la necesita me ayuda a mí y ayuda al que la ofrece, las dos partes salían beneficiadas, era hora de regresar.

Haría caso a mi instinto y regresaría con ellos.

Miré nuevamente a Zafiro y me embargó una profunda sensación de compasión hacia ella.

—Zafiro ¿delatándome has conseguido lo que tu querías?, ¿Trec te ama ahora más que lo hacía antes?

Bajó la cabeza, estaba avergonzada, había leído su historia en su pensamiento y ella era consciente en esos momentos de ello.

Y se sinceró conmigo.

—Siento una gran admiración por ti, sé bien quién eres y a quién pertenece tu corazón. Hoy, al ver cómo me mirabas, he entendido algo. Nadie me amará jamás como yo pueda amarme a mí misma, me he pasado años mendigando el amor, es hora de dejar de hacerlo. He de aprender a ser feliz conmigo. Por mí.

Y con ello me miró a los ojos, esta vez segura de sí misma.

—Te pido perdón, nunca fue contigo.

Agradecí en verdad sus palabras, no la odiaba, no podía. Sentía toda la angustia y el dolor que su alma desprendía.

Y la abracé. Y con ello sellamos nuestro amor para siempre.

Zafiro había tocado fondo, gracias a ello despertó.

Se sintió tan mal que fue consciente de su realidad.

Y ella me enseñó a mí, sin saberlo, de nuevo, el poder del perdón y la sinceridad.

Seguía aprendiendo y mis maestros eran muy variables y complejos.

Regresé a mi cuarto, debía recoger el libro. Era lo único que llevaría conmigo.

O no… volví a la cocina y otra vez convencida de mi misma le dije a Zafiro:

—Recoge tus cosas, vienes conmigo, si así lo deseas, mi casa será tu casa ahora. Allí siempre habrá un puesto para ti.

Estaba asombrada, imaginaba más mi rechazo que mi ayuda.

La quería conmigo, era una persona buena y de esas quería conmigo. Todos merecemos una segunda oportunidad y yo sabía que ella la iba a aprovechar.

—Iré contigo.

Y sus lágrimas esta vez no eran de pena.

Vi esperanza de una nueva oportunidad en sus ojos, vi amor y vi agradecimiento.

No pararía hasta ver en ellos ilusión, alegría y paz.

Nos dispusimos las dos a emprender la nueva vida. También para mí era todo nuevo.

Cerramos la puerta y no miramos atrás. Allí quedaba lo que no queríamos.

Debíamos apresurarnos, no sabíamos cómo reaccionaría Trec.

Nos sentíamos las dos aliviadas, ella porque había descargado su culpa y yo me sentía aliviada porque perdonarla a ella me hacía a mi sentir bien, en paz.

Sí, sí que puede el amor con todo, desde el corazón.

CAPÍTULO 21

EL PODER DE NO TENER MIEDO

Parecía que mi miedo a Trec había desaparecido. No sé qué había cambiado, pero ya no era miedo lo que sentía hacia él.

En la vida las circunstancias nos hacen crecer y había pasado que yo ahora me sentía más grande que el problema.

Tenía ahora más claridad sobre lo que haría.

En un primer momento pensé en rodear el palacio y entrar por las mazmorras, como lo habíamos hecho el día de nuestra llegada.

Pero otra vez y guiada por mi intuición, cuando vi a la gente agolpada como cada día en las puertas del palacio, sentí la necesidad de acercarme a ellos.

No postergaría más, no cogería más el camino fácil.

Zafiro y yo nos metimos entre ellos, nos gritaban enfadados, estaban alterados, nerviosos.

Sentí lo que tanto les preocupaba.

Una vez más, como había hecho con Zafiro, vinieron a mi mente, a mi cuerpo, los sentimientos que tenían dentro.

Era una mezcla de sensaciones, había mucha gente y las emociones se me agolpaban dentro, todas juntas, todas mezcladas entre ellas.

Pensé que no podía controlarlo, eran demasiados y yo, al parecer, no controlaba todavía mi poder.

Me tambaleé, era mucha la presión y había una sensación inmensa de miedo.

¿Miedo a que?

Zafiro me sujetó del brazo y al cogerme notó una fuerte corriente que hizo que me soltara inconscientemente.

Y lo sentía cada vez más, entre todas las sensaciones, vi claramente que todos coincidían en una, el miedo.

Miré sus caras, ellos seguían gritando ajenos a lo que yo estaba haciendo.

Vi a aquellos niños de mi primer día y me centré en ellos, en su mente.

Fue así, en esas almas inocentes, donde pude descubrir por qué mi pueblo se sentía así.

Miedo a la muerte.

Quedé sorprendida. ¿Por qué a la muerte?, nadie estaba en peligro de muerte ¿o sí?

Era todo tan nuevo para mí que no podía entender algunas cosas, algo se me escapaba. Nadie estaba amenazado de muerte y ese era el miedo que sentía en ellos.

Seguían gritando, sin embargo,

¡LIBERTAD!

Agarré fuerte mi libro, sabía bien lo importante que era para mí. Avance con seguridad entre todos ellos.

Hombres y mujeres se agolpaban contra mí.

Ahora parecía que la habían tomado conmigo.

Entre todos ellos era la única que ya no tenía miedo y menos a la muerte.

ERAN ESTOS SUS MIEDOS.

Miedo a morir sin haber vivido.

Miedo a morir sin dejar legado que les recuerde.

Miedo a morir en el olvido.

Miedo a la muerte del alma, sin haber vivido lo que ella anhela.

Mi pueblo temía y mucho a la muerte del alma, eran infelices por ello.

SE SENTÍAN MUERTOS EN VIDA.

Pedían, por ello, libertad.

La libertad del alma.

Yo estaba dispuesta, quería de todo corazón que cada persona que allí habitaba entendiera que había un mundo mejor esperando por ellos.

Me subí en lo alto de una piedra que había en el centro de todos ellos.

Apreté mi libro en el corazón y dije:

—Hay un mundo mejor esperando para todos vosotros, es mi deseo que así lo veáis. En vosotros está el camino, debéis cambiar vuestros pensamientos, renacer de nuevo.

»El amor, la alegría y la paz interior deben reinar en vuestra mente. Podéis, debéis y así espero que lo hagáis, ser felices, es vuestra obligación. Vuestra felicidad será la nuestra, la de todos.

»Busquemos en nuestro interior qué es lo que nos hace infelices y cambiémoslo. Así y solo así conseguiréis la libertad que tanto gritáis. Soltad de vuestro interior lo que os hace daño y seréis libres. Si sois felices no habrá ya miedo a la muerte. Moriréis con la paz de saber que habéis vivido como deseabais.

Zafiro me miraba expectante.

Ella entendía perfectamente lo que les decía.

Pero el pueblo estaba cegado y no les dejaba ver lo que intentaba que vieran.

En un impulso de desesperación, abrí mi libro, segura de mí, les enseñé mi Nuevo Reino.

—Mirad —les dije—. Hay un Nuevo Reino esperando para todos nosotros, en el entrara el que encuentre la paz.

—¿Quién eres tú?, ¿por qué debemos creerte? —gritó uno desde lo lejos y todos le apoyaron con una aclamación.

En esos momentos se abrieron las grandes puertas del palacio y de entre ellas apareció Drog.

Todos lo miraron en silencio. El pasó seguro entre la gente y se subió a mi lado. Me miró con fuerza, volaba conmigo. Nos sonreímos y hablo:

—Os presento a Aidil, reina de un Mundo Nuevo, portadora de esperanza y corazón libre, entregada a los demás. Madre de Kun que de la tierra procede su fuerza y del cielo su paz mental. Tierra y cielo se unirán trayendo paz y vitalidad.

Apareció entonces Kun en brazos de Greg y se lo dio a Drog.

Todos aclamaron, Zafiro se arrodilló al suelo y todos la siguieron haciendo una reverencia a los reyes del Nuevo Reino.

—No son vuestras reverencias lo que yo quiero, os lo agradezco, pero en verdad os pido que os levantéis, seremos uno.

»Os pido que abráis la mente para así poder escuchar a vuestra alma.

»Os pido que vivamos felices y así poder morir en paz.

»Os pido que sea el amor quien gobierne vuestras vidas, dar sin esperar nada a cambio y seréis recompensados.

»Os pido el perdón, para vuestros hermanos y el perdón para vosotros mismos.

»Os pido gratitud, para lo que os será entregado.

»Tened la certeza de que aquello que deis será lo mismo que recibiréis, no lo dudéis, así de cierto es. Actuad, pues, como si con vosotros fuera aquello que hagáis.

Y en sus mentes empezó a florecer la posibilidad de la esperanza. La semilla había sido plantada, teníamos que trabajar para que germinara adecuadamente, fuerte y robusta. Esa era mi misión ahora.

Crear un Reino Nuevo de gente feliz y con esperanza.

Crear un reino de almas felices dispuestas a luchar por sus sueños.

Renacería el pueblo después de su destrucción.

CAPÍTULO 22

RENACER

Nos abrieron paso y los tres, junto con Zafiro y Greg, entramos en palacio.

Todos necesitábamos procesar lo sucedido, ellos y yo también, me sentía excitada, emocionada, quería ayudarles y sé que podía hacerlo.

Al bajar, Drog me dio un beso que me supo a gloria, por fin en casa con los míos.

El pueblo se retiró poco a poco a sus casas, había mucho camino que recorrer, pero lo haríamos juntos, de la mano.

Se marcharon con la promesa de un mundo nuevo para ellos, el de sus almas y mi compromiso a ser su guía.

Estaba feliz, parecía que las cosas se fueran encauzando.

Miré al cielo y agradecí desde lo más profundo de mi corazón por todo lo acontecido.

Les había prometido un mundo nuevo, el del alma, en ello trabajaríamos, y un Reino Nuevo, mi reino.

Quedaba lo más importante, el medallón, sabía que la unión de los dos reinos era la prueba que ellos necesitaban.

Y estaba Trec, quería que entendiera todo lo dicho, pero eso debía decidirlo él.

En su lucha de alma y mente, ganaría la batalla al que él le diera permiso.

De él dependía su felicidad.

En el palacio hoy era un día de celebraciones, no se pudo en su momento, pero Wona, que también se encontraba con ellos, así lo había decidido.

—Celebraremos vuestra boda con todo el pueblo es el mejor momento. Necesitamos alegría en nuestras vidas y qué mejor modo que celebrando vuestro casamiento.

Saro no cabía en gozo, Kun reía feliz y no me soltaba ni un momento.

Drog era el hombre más feliz que yo había conocido jamás, estaba radiante, parecía un niño.

Miré a zafiro, sería mi mano derecha en palacio, me acompañaría en mis enseñanzas.

Si así ella lo deseaba.

Me contestó rápidamente, pero no vi la alegría que esperaba, no quería que se sintiera obligada, quería de verdad que lo hiciese solo si lo deseaba. Quería gente libre a mi lado y feliz de estarlo.

—Sí, Aidil, lo deseo, es un honor para mí aprender de tus enseñanzas, de verdad que lo quiero. Pero me preocupa mi hijo, no sabemos qué reacción tendrá Trec ante todo lo sucedido. En unas horas cambió el rumbo de todas nuestras vidas y tal vez quiera venganza.

Había pensado en ello, el hijo de Zafiro.

—Tu hijo vendrá con nosotros, estate tranquila, lo encontraremos.

Mientras todos organizaban la boda e iban y venían por el palacio, alterados, felices, mi cabeza no paraba de pensar en dos cosas.

Trec y Rufos.

No sabía nada de uno ni del otro y deseaba verlos a los dos.

Así que me dispuse esa mañana a resolver por lo menos una de mis dos preocupaciones.

Iría yo en busca de Trec.

En mi libro había visto todo lo acontecido. Tal y como había sucedido, así se había escrito.

Quedaba una sola página en blanco, una sola que me tocaba escribir a mí.

De mi puño y letra lo haría.

No sé por qué lo hice, pero no avise a nadie de a donde iba, tal vez, por no escuchar reproches o, tal vez, por no preocuparlos o, probablemente y creo que es lo que pasó, por querer resolver la espina que llevaba yo en mi corazón.

Sí, quería ser yo la que lo encauzara, hacerle entrar en razón. No había perdido la esperanza.

CAPÍTULO 23

UNIONES DEL ALMA

La gente había cambiado su actitud, parecía que tenía ganas de mejorar y también había estado pensando en cómo podía yo ayudarles.

Necesitaban a alguien que les motivara, que les diera consejo.

Yo misma me reuniría con ellos y trabajaríamos todos juntos, incluso yo quería mejorar con ellos.

Pero ahora mi atención estaba en él. En Trec.

Quería encontrarlo a él y al hijo de Zafiro.

Fui directa a la casa donde estaba su madre.

Otra vez, por intuición.

Qué bonito era ahora el pueblo. La gente había dejado de gritar por las calles y se empezaba a respirar paz.

No la paz del silencio, la paz de estar a gusto con uno mismo.

No sé cómo se sentiría Trec, seguramente solo, pero yo no iba con ninguna intención de reprocharle nada.

Más bien lo contrario.

Aprendí bien el efecto que producía el perdón y quería más de eso en mi cuerpo y quería más de eso en los cuerpos de la gente que quería, de mi gente.

Me acerqué a la puerta de la casa, estaba en silencio, no se escuchaba nada.

Empujé la puerta y se abrió.

Había mucha oscuridad y mis ojos tardaron en adaptarse a la poca luz del interior.

Al fondo, una pequeña ventana alumbraba una cama a la que empezaban a darle los primeros rayos de sol.

Entré sin decir nada.

Y, en mi afán por verlo todo, tropecé con una silla que había en el camino.

—¿Eres tú, Trec? —dijo una voz débil de mujer.

No sabía bien qué hacer. Me acerqué un poco más y le dije:

—No, yo soy Aidil.

Un silencio perturbador inundó la vieja habitación. Parecía como si se hubiera quedado muda.

Mantenía sus ojos cerrados y su cuerpo quieto.

Tal vez no me había oído, pensé.

Me acerqué un poco más de nuevo y llegué a la altura de su cama.

Abrió los ojos de repente y me miró, con esa mirada tan profunda que penetró hasta lo más profundo de mi alma.

—Aidil —repitió mi nombre.

Era una mujer mayor, tal vez había tenido a Trec ya en una edad avanzada. Aunque su estado de salud la hacía ver peor de lo que estaba, más anciana, su pelo descuidado y su cara cansada y pálida.

—¿Eres la hija de Saro? —me preguntó directamente, seguía mirándome, sin parpadear siquiera, era como si quisiera ver dentro de mí.

—Sí —contesté si dar más explicación.

Entonces vi una lágrima que resbalaba por su pálida mejilla.

Me acerqué a limpiarle el rostro y ella me cogió la mano y me la besó, con amor, noté mucho amor en ese acto.

Y quise entrar en su alma, saber qué era lo que sentía. No pude con ella, no podía.

Una leve sonrisa se dibujó en su cara.

—Llevo años esperando tu llegada, no pensaba morirme hasta verte, tenía que conocerte.

Por algún motivo sus palabras ya no me sorprendían, había una leyenda, yo era la Reina del Amor, así estaba escrito.

Tal vez ella supiera bien la historia de mi vida.

Me hizo un gesto para que me sentara a su lado, obedecí, me daba mucha confianza. No podía sentir lo que en ella había, pero sentí rápidamente una unión que me parecía conocida.

Me cogió la mano de nuevo y la puso en su corazón, piel con piel.

Todavía hoy siento, si cierro los ojos, lo que de allí desprendía.

Y esta vez sí, sin hablar, me contó su historia.

SIMPLEMENTE ELLA

Mi historia no es más que la historia de una mujer que vivió la vida de un modo que no era el que debía. Fui castigada por ello, pagué mi culpa con una condena que todavía hoy arrastro.

Ser invisible en un mundo de vivos. Esa es mi condena.

Pasé en pocos días de ser reina a ser repudiada por todo mi pueblo. Me juzgaron sin saber cuál era mi culpa, puesto que no dejaron que me defendiera, mi palabra ya no tenía valía.

Mi deseo de ser madre, no fue un capricho cualquiera.

En esos tiempos en los que todavía era yo reina, llegó a mis manos un libro que era muy extraño, pero que en él contaba la historia más maravillosa que yo había leído hasta ese día.

Lo mejor de todo era que en él decía que esa historia sería real.

Que en mi vientre se engendraría la semilla que haría posible lo que allí estaba escrito.

No fue tan fácil que yo lo creyera.

Pero un día estando yo dormida en mis sueños, viajé a una tierra prometida. No lo soñé, era real, y cuando desperté en mis manos había la mitad de un medallón.

Una voz me dijo:

—Deberás entregar esto a la reina de esa tierra, sabrás quién es en su momento, nada más verla.

Y no me preguntes por qué, pero en mi mente y en mi alma, ese día nació un propósito. Quise poder contribuir a que se hiciera real la historia de ese libro tan extraño.

Debía quedarme embarazada.

De mí dependía el futuro de nuestro reino y de mi vientre nacería la primera pieza, por decirlo de algún modo, para que fuera posible.

Era una responsabilidad muy grande. Más que querer ser madre.

Quise ver un Nuevo Reino.

Quise ser la que hiciera posible. En verdad lo que vieron mis ojos en aquel sueño era algo mágico.

Valdría la pena, tenía que intentarlo.

Mi rey no podía darme lo que yo quería, incumpliría las leyes. Nada me importaba, solo el futuro de lo que estaba escrito, lo que había visto.

Mi vida estaba ahora en manos de un libro que pronosticaba mi destino.

Yo quise que así fuera.

Meses después quedé embarazada.

Empezaba así la historia de un Nuevo Reino.

En esos días fui la mujer más feliz del reino, al nacer mi hija pensé que nada mejor me sucedería y que nada malo podría con mi felicidad.

Pero con el paso de los meses, recordé de nuevo la historia de mi vida, la que en el libro había leído.

Me resigné, sabía que sucedería tal como estaba escrito.

Disfrute al máximo con mi hija de los días que me quedaban con ella y esperé mi destino.

Como yo sabía lo que estaba predispuesto para mí, nunca hubo rencor en mi corazón por las decisiones tomadas. Cada uno hacía su papel, cada uno era, a su modo, portador del Nuevo Reino.

Llegó el día de mi condena, la verdad salió a luz y me condenaron por adultera.

Desde entonces muero en vida. No existo para nadie.

Greg me ayudó. También cumplía con su papel en esta historia.

Salvó a mi hija, a tu madre, Saro.

Mis ojos estaban repletos de lágrimas. Mi corazón lleno de alegría. Pero quise que acabara sin interrumpirla.

Era su momento.

Solfa fue quien me salvó.

Todos pensaron que había muerto, no sé bien como lo hizo, pero me salvó.

Fue la única persona que vi durante años. En mi encierro tuve mucho tiempo para pensar y reflexionar si había valido la pena ser salvada. No era vida ya mi vida.

Dios quiso recompensarme por mi sacrificio, o fue también parte de mi destino, no sé, pero el caso es que muchos años después de que todo pasara quede embarazada.

Y de ese embarazo nació Trec. Hijo de Mirasa y de Solfa.

Mirasa era mi abuela, Trec, mi tío. Estábamos unidos por la sangre.

CAPÍTULO 24

LA GRAN REINA, MIRASA

Nos fundimos en un abrazo. Mi abuela, no podía creerlo.

Estuvimos un buen rato así, sin hablarnos.

Nos necesitábamos.

Cuanto sufrimiento había pasado mi abuela, se me encogió el corazón solo de pensarlo.

Ella, que al parecer sentía el interior como yo lo hacía, sin necesidad de hablar, me respondió lo que estaba pensando mi mente.

—No, muchacha, no he sufrido, aprendí a vivir con ello. Siento gratitud por lo que he podido hacer, por mi granito de arena. Doy gracias a la vida. Mi recompensa está ahora frente a mí. Sí tuve mis momentos de dudas, no ha sido un camino fácil, pero ahora al fin estás aquí.

Era verdad que no sentí dolor en su corazón. Era una mujer admirable.

Más que nunca debía encontrar a Trec.

Tenía mucha dudas, pero serían resueltas. Mirasa estaba agotada, tenía que descansar.

Cerró sus ojos y se durmió.

En su cara se reflejaba una sonrisa. Había alcanzado la paz.

Al fin se había liberado.

No sabía bien qué hacer, si quedarme o salir en busca de Trec.

Me quedé un momento a reflexionar, tenía que pensar en todo lo sucedido.

Me recliné en la silla y cerré mis ojos.

El medallón, la otra mitad, la tenía mi abuela. ¿Se lo habría dado a él?

¿Trec sabría la historia?

Estaba impaciente, quería que todos supieran lo que ahora yo sabía, pero respiré hondo y controlé mi ansia.

Tenía que actuar con cabeza.

Miré de nuevo a mi abuela. Qué bien me sonaba esa palabra, "abuela". Ella seguía dormida, plácidamente.

Parecía que había rejuvenecido incluso.

Cómo los destinos nos unían a las personas que tenían que estar en nuestro camino.

La vida me sorprendía cada día más.

Volví a agradecer por lo pasado, por lo presente, por lo futuro.

Me sentía dichosa de mi vida.

Pero tenía más por concluir, la otra parte del medallón, Trec, el hijo de él. Que, por cierto, era mi sobrino. Qué cosas tenía la vida.

La besé en la frente. No podía hacer más allí de momento. Regresaría en su busca.

Me cogió la mano y, con un hilo de voz, me dijo:

—No es mal chico, sé que lo sabes, nunca supo qué lugar era el suyo. Habría sido rey en otras circunstancias, pero no

ha podido conformarse, él sabe la verdad, por eso siempre le pareció injusto. Nunca la rebeló por mí. Protegía mi vida.

»Desde la muerte de su padre, él ha sido el único que se ha hecho cargo de mí. Solo él y ahora tú, sabéis la verdad, disponla como veas que sea necesario. Confió plenamente en tu buen hacer, no es por casualidad que te llamen Reina del Amor, bien lo sé.

Salí dispuesta, ahora sí, a dar la cara.

Fui a la casa donde estaba viviendo Trec, pero no se encontraba, insistí en entrar para buscarlo, ahora ya me conocía la gente, tenía más autoridad, me respetaban.

Lo busqué, pero no se encontraba. El hombre, el mismo que siempre me había mirado con desconfianza, parecía ahora más amable conmigo, diría que hasta me regaló una media sonrisa, me dijo que Trec no aparecía por allí en días.

Justos los mismos que hacía que todo había cambiado.

Salí otra vez a la calle y mis pasos me guiaron hacia la Montaña Sagrada.

Miré las aguas del río, a contracorriente. Y, por instinto otra vez, subí bordeando el río, no era la subida habitual, pero el agua me atraía, era parte de mí, de mi historia.

Este río unía los mundos del que yo venía, en el que me encontraba y el mundo que sería en un futuro.

Me adentré en la montaña sin saber el camino, pero sabía cuál era mi destino. Eso era suficiente para poder caminar segura.

CAPÍTULO 25

SURI

Tardé más de lo habitual y el camino era más angosto, pero por algo era que por allí se habían dirigido mis pasos.

Desde lo lejos y cuando ya hacía un buen rato que andaba, se divisaba un agujero en la roca, era una especie de cueva.

Me acerqué y asomé la cabeza. La entrada era bien estrecha, arrastré mi cuerpo y pasé al otro lado, se hacía un poco más ancho, pero seguía siendo muy incómodo avanzar. No paré, continué hacia adelante.

Al final se veía cómo se hacía más ancho y acababa en una cueva con decenas de pasadizos.

¿Cuál era el correcto? Y me vi en esa situación que todos pasamos alguna vez en la vida.

¿Qué camino es el correcto?, ¿cuál debo seguir?

Pero ahora había una diferencia, había aprendido a escucharla a ella, la voz de mi alma, la que me guía por el camino correcto. En la cueva y en la vida.

Cerré mis ojos y la escuché. Y me dispuse a hacer lo que me decía.

Después de unos pocos minutos avanzando, llegué a mi destino esperado.

Dos ojos negros como platos me esperaban hambrientos de vida, de mundo, de conocimiento y de ganas de vivir.

Me abalance a él con un inmenso abrazo, sabía quién era. Mi sobrino, el hijo de Trec.

Salimos de allí, él con más soltura que yo, se notaba que conocía el lugar de sobra, tal vez habría pasado allí todo este tiempo.

Cómo se parecía a Kun.

—¿Cómo te llamas?

—Soy Suri y seré rey un día.

Sonreí, sin duda lo sería.

—Soy Aidil, soy tu familia, quiero llevarte con tu mamá. Te espera.

Él sonrió también.

—Lo sé —me dijo.

Al parecer era herencia de familia. Leer el pensamiento.

—¿Dónde está tu padre? —pregunté.

El niño encogió los hombros, en verdad no parecía saberlo.

Salimos al exterior de la cueva y el sol cegó nuestra vista, estaba ya muy avanzada la mañana.

Lo primero que vi al recuperar la vista fue a él.

Nos miraba a los dos, creo que se sentía desconcertado, no sabía bien qué reacción debía tener.

Su hijo lo miraba con su sonrisa de niño travieso, esperando que lo perdonara porque se había escapado.

Y noté esa sensación de incertidumbre, estaba totalmente perdido.

El miedo por no saber hacia dónde dirigirse, el miedo a estar solo, el miedo a perder a su hijo, el miedo de morir sin ser amado…

Trec estaba derrotado.

Y sé que, aun en derrota uno es capaz de pelear hasta que el cuerpo pueda, pero no quería eso para él.

En su lugar y, por fácil que parezca, en ese momento a mí me costó más darle un abrazo que un reproche, sin embargo, lo abracé.

Me acerqué a él y lo abracé, lo más fuerte que pude.

Él se mantenía erguido, distante.

Sus brazos caídos a los lados no querían abrazarme, no se había rendido todavía. No era contra mí contra quien luchaba, sino con su mente.

Seguía con esa lucha entre la mente y el alma. Del poder y el amor.

¿A quién elegía?

No me di por vencida, todos tenemos un corazón que ama con fuerza y desea hacerlo

La vida a veces nos engaña, nos hace pensar que el amor, el demostrar los sentimientos, nos hará más débiles, pero nos equivocamos.

El amor es la mayor fuerza que hay en el mundo.

Siente un gran amor hacia ti y hacia el prójimo y renacerá en ti tu fuerza.

—Ámate, nosotros ya lo hacemos, todos y cada uno de nosotros te amamos, tu madre, tu hijo, tu hermano, yo. No estás solo, Trec.

Estas palabras se las dije de corazón, sintiéndolas de verdad con todo mi amor.

CAPÍTULO 26

RENDIMIENTO ES AMOR

Su cuerpo dejó de hacer fuerza, unas lágrimas rodaron por sus mejillas. Entonces fue cuando me abrazó, fuerte, desolado, necesitado.

Ningún camino es fácil de recorrer y todos tenemos el nuestro en la vida, pero eso no significa que no debamos intentarlo. Si caemos nos levantamos y volvemos a intentarlo, rendirse no es la solución.

Después de nuestro perdón, no regresamos a casa, los tres subimos a lo alto de la montaña.

—Ves, Trec, lo grande que es nuestro mundo.

Desde allí se veía en todo su esplendor un Nuevo Mundo.

—Pues en él hay cabida para todos. Todos somos uno. Volvamos a casa, nuestra familia nos espera.

En un silencio que no fue para nada incómodo, sino más bien de reencuentro, nuestros corazones se unieron al

perdón y al agradecimiento de cómo había sucedido nuestro reencuentro.

ES OBLIGACIÓN NUESTRA SER FELICES, NO BARAJES OTRA OPCIÓN.

Vivíamos aquella escena que en nuestros sueños habíamos visto Drog y yo.

Era real, esta vez estaba sucediendo.

La gente estaba feliz, estaba todo el pueblo.

Greg nos decía las más hermosas palabras de amor comprensión y crecimiento que habíamos oído.

Kun corría feliz, como en mi sueño, entre la gente.

Ahora los conocía a todos, ya no eran desconocidos, estaba entre mi pueblo, con mi gente. Me sentía dichosa.

Estaba mi madre, pero también la madre de Trec. Estaba Zafiro con su hijo, estaba todo el pueblo y todos felices.

Se acercaba Kun a nosotros, le daba un beso a su padre y, acercándose a mí, me tendía su mano y lo miraba a él con orgullo.

Wona se acercó a su hijo y, dándole un beso, le dio algo que el guardó en su túnica.

Al fondo había alguien que apretaba su puño.

Era Trec.

Lo miré, él me miró, no había odio en sus ojos.

Pero su mano seguía cerrada y la apretaba con fuerza.

Y recuerdo perfectamente que, en mis sueños, en este mismo momento, pensé que Trec quería venganza, juzgué y lo condené sin saber qué es lo que estaba sintiendo.

La vida me sorprendió de nuevo, no debía juzgar sin saber el motivo.

Se acercó a mí, mirándome a los ojos, y con estas palabras me dio una de las lecciones más grandes de mi vida.

—Gracias por haberte cruzado en mi vida.

Tendió su mano, la que apretaba con fuerza y puso en la mía el medallón.

NO HAY QUE CONDENAR A NADIE, AUN CONOCIÉNDOLO.

Su perdón había llegado, su momento de duelo había terminado.

—Gracias a ti por haber sido un maestro en mi vida.

Verdaderamente estaba agradecida. Me sentía feliz, plena.

Me acerqué a Drog, necesitaba tenerlo cerca.

Nuestras manos se buscaron, nuestras miradas se encontraron, y, con una sonrisa, notamos la unión de nuestros corazones.

Miró mi mano cerrada y yo la abrí para que viera lo que en ella llevaba.

Puso la suya en la túnica y de ella sacó la otra mitad del medallón.

Cada uno, con su mitad en la mano, lo unimos. Encajaba perfectamente.

La llave de un Reino Nuevo estaba en nuestras manos.

Pero yo había descubierto que, desde nuestro nacimiento, todos y cada uno de nosotros llevábamos nuestro reino dentro, solo teníamos que encontrar la llave para dejarlo salir a la luz.

Mi reino nuevo ya estaba descubierto.

Una vida plena, extraordinaria, llena de amor a mí y al prójimo. Y el poder compartirlo, ese era mi mayor reino.

FIN

LA ÚLTIMA PÁGINA POR ESCRIBIR

Iba a escribir en el libro más importante de la historia de nuestro mundo, tenía que hacerlo bien.

Por los que venían, por el futuro de mi pueblo, quería dejarlo escrito para que no olvidáramos a qué habíamos venido.

Nuestra obligación y nuestro deber es y será ser felices.

Pasen los años que pasen y vengan las generaciones que vengan esa es nuestra obligación. Nunca lo olvides.

Quise escribir, quería de verdad hacer llegar a todos, desde mi experiencia, que hay un mundo mejor esperando por nosotros.

Pero solo me salieron deseos para ti desde mi corazón.

DESEO QUE APRENDAS A PENSAR CON EL ALMA Y OLVIDES LA MENTE.

DESEO QUE ENCUENTRES LA PAZ EN MEDIO DEL RUIDO.

DESEO QUE LLEGUE A TU VIDA AQUELLO QUE TANTO ANHELAS, PERO LO QUE MÁS DESEO ES QUE SEPAS VERLO.

DESEO QUE SEAS MÁS GRANDE QUE TUS

MIEDOS.

DESEO QUE EL AMOR A TI MISMO SEA MÁS GRANDE QUE EL MIEDO A VIVIR SOLO.

DESEO PARA TI LA LIBERTAD, LA QUE TE HACE DECIDIR QUÉ ES LO QUIERES EN CADA MOMENTO Y QUE LO REALICES, CON RESPETO.

DESEO QUE, EN TU LECHO DE MUERTE, LEJOS DE TENER MIEDO ESTÉS AGRADECIDO Y FELIZ POR LA VIDA QUE HAS TENIDO.

Y miles de deseos vinieron a mi mente para ti.

No permitas jamás que nadie escriba las páginas de tu vida por ti.

Créete merecedor de lo mejor, eres lo más grande que pasará por tu vida, cuídate como tal.

Ama y serás amado, con lo mismo que tú das serás regalado.

Y dejé la página del libro en blanco, lo hice a sabiendas de que quien viniera detrás, fuera libre de escribir su destino.

SUS SENTIMIENTOS CUENTAN COMO LOS MÍOS.

Así, pues, esta es su voz. Y en todas las cosas de la vida siempre habrá más de un camino.

Leamos juntos de nuevo.

DROG

CAPÍTULO 1

LA HISTORIA DE MI AMOR POR ELLA

Hoy puedo decir y os digo que he tenido la maravillosa suerte de conocer a la mujer más extraordinaria que existe.

Pero lo mejor no es haberla conocido, lo mejor es que formara parte de mi vida.

Fue la dueña de mi corazón desde el mismo instante que la vi, pero voy más allá si os digo que creo que la amé incluso antes de conocerla.

Por aquel entonces ella no sabía de su fuerza, pero era algo que se veía, se intuía. No fue una niña cualquiera, ni una joven como las demás y, sin embargo, sí fue una reina como no habrá.

Aidil, Reina del Amor la llamaba su pueblo, para mí siempre fue y será mi amor.

Yo no sé si os ha pasado a vosotros, pero lo que yo sentí la primera vez que rocé su piel fue algo sobrenatural. Mi piel, hecha a las batallas, al sol de mi tierra, a las durezas de la vida, se erizaba como si de una flor delicada se tratara. Y no me importa nada decirlo, al contrario, me enorgullezco de ello. Sacaba mi reina lo más sensible de mí.

Bendito Greg que hizo que nuestros destinos se cruzaran.

Hoy doy gracias a la vida por todo lo que aprendí a su lado y hablo de aprendizajes de valor, hablo de entendimientos del alma. Desde el amor.

Me gustaría poder contarte desde lo más profundo de mi alma y con sinceridad como viví yo nuestro tiempo.

Me enseñaron a ser un hombre fuerte, a luchar, a tomar decisiones por el bien de los demás. Greg fue un gran maestro para mí, gracias a él conocí una forma distinta de amar, la de verdad, para los demás, sin egoísmo.

Entonces yo era un hombre de aspecto fuerte, pero con grandes sentimientos de corazón, podía ver más allá, más que el resto de las personas.

Mi gran error fue no saber enseñar a los demás todo lo que yo había aprendido, pero, para ello, la vida me la puso a ella en el camino.

Juntos hacíamos un gran equipo, maestra y alumno, a veces, y otras, alumna y maestro.

Ahora entiendo por qué pasó y el modo de hacerlo, pero entonces os aseguro que yo que estaba acostumbrado a la acción, a ser protagonista. Pasé los peores meses de mi vida, en un segundo plano, esperando su renacer.

Confiaba tanto en ella que no dudé de que conseguiría su propósito, estoy seguro que en esos tiempos yo confiaba más en ella que ella misma.

No conocía su fuerza.

El día que Greg me dio permiso para ir a su mundo a por ella y traerla aquí junto a mí y a nuestro hijo, fue uno de los más felices de mi vida, aunque hubo otros, muchos más. Con ella la vida era puro gozo.

Recuerdo perfectamente cuando la vi.

Estaba bella, aunque iba despeinada y llevaba ropas sucias, estaba verdaderamente bella.

Su belleza, la que desprendía, era interna, pero tenía tanta fuerza que se veía a la legua.

Jamás nadie me había regalado esa sonrisa que ella me dio.

Desinteresada, verdadera, natural, tan de ella.

No podía negarlo, me amaba tanto como yo a ella.

Me gustó que no quisiera disimularlo, no le importaba expresar sus sentimientos, era sincera.

No hacen falta las palabras, cuando el amor es verdadero, no hace falta un "te quiero" si el corazón lo siente desde dentro. No hace falta porque se siente en el alma, en el aire en la cara y en los ojos y en la sonrisa de la persona amada.

Os podéis creer que yo sin apenas conocerla la admiraba.

Y estoy seguro de que eso ha sido lo más importante de nuestro amor, la admiración mutua.

Pero ese día vi a Trec, detrás de ella, y vi en sus ojos ese brillo que tienen los enamorados, quise morir de celos. Mi amada, amada por otro.

Un sinfín de pensamientos pasaron por mi mente, a cuál más bárbaro y más torturador.

¿Qué me estaba pasando?, ¿dónde estaba el fuerte guerrero, el alumno aplicado que sabía de leyes del universo y que era tan seguro de sí mismo?

Hice un gran esfuerzo por no romperle la cara allí mismo, lo confieso.

Me calmé al volver a sentir la mano de ella en la mía, su piel con la mía. No se la solté en todo el camino. Qué gracioso

lo encuentro ahora, fue en toda regla un acto de posesión para con ella, quería que Trec supiera que era mía.

Ahora entiendo que no hacía falta que yo impusiera mi presencia ni marcara mi territorio. Ella sabía bien a quien quería y sola sabía marcar sus barreras. Gran mujer.

Tenías unas ganas tremendas de presentársela a mi pueblo, quería gritarles a todos que tenían una reina, que sería mi esposa y que la amaba con locura.

Pero las circunstancias fueron otras y estas me llevaron a seguir pasando los peores días de mi vida.

Siempre fui un rey que me había limitado a seguir las normas, durante siglos habían sido eficaces, pero ahora también comprendo que la gente cambia con los años y sus necesidades con ellos. No supe verlo en su tiempo y en ese tiempo era ella quien inundaba mi pensamiento.

Viví esos días por ella, para ella. Olvidé mi reino y mis pensamientos estaban más en nuestro reino, el que formaríamos juntos, que en lo que debía estar: mi pueblo, lo descuidé.

Pero seguro todo pasó de este modo por alguna razón, con ello crecimos todos y aprendimos a ser mejores.

En un solo día pasé de la gloria absoluta a la desesperación total.

Llegamos a nuestro mundo y los dos pensamos que tal vez el camino ya estaba recorrido.

Que lo malo había pasado, que ahora tocaba disfrutar por lo sufrido.

Pero no fue así y ahora lo agradezco, ahora que comprendo.

DESEO Y GRATITUD

Sé que mi pueblo me necesitaba, o mi atención por lo menos, pero yo solo podía pensar en ese día, el de nuestra llegada. En pasar toda una noche con mi amada, tal vez fuera egoísmo, porque pospuse todo lo demás.

Pero dije que sería sincero y mi deseo por ella me nublaba hasta el pensamiento.

Recuerdo hoy ese día como si la tuviera aquí, delante de mí, recuerdo incluso el olor que desprendía a flores frescas.

Me embriagué solo con entrar en la habitación y allí estaba ella como una diosa en la bañera.

Estuve unos minutos observándola, sin moverme, creo estaba dormida o profundamente relajada.

Aproveché esos minutos y me desnudé, me acerqué despacio a ella, cosa que me costó un gran esfuerzo, porque en verdad mi deseo era abalanzarme y devorarla entera.

Pero como también deseaba amarla despacio, con calma, saborearla y disfrutar de ella y de todo su esplendor, me controlé, pude hacerlo.

Sí, eso haría, despacio, sin prisa.

Recuerdo esa noche y la he recordado muchas veces desde su ausencia. Y cuando me pierdo en esos recuerdos la siento mía, otra vez en mi piel, conmigo, en mi vida.

Le rocé el cuello con mis labios, suavemente, y su cuerpo reaccionó al instante. Su piel se erizó igual que estaba la mía, era algo que en todos los años que yo tenía jamás había experimentado.

Placer, deseo, devoción incluso, pero era el amor que sentíamos, el que hacía que fuera tan especial nuestro contacto, nuestro deseo.

Deseaba jugar con ella. Ella también estaba dispuesta, se lo notaba, no hacían falta las palabras entre nosotros, nuestras miradas lo decían todo, incluso más.

Posé una mano en su pecho y su respiración se agito al máximo, quería ver cómo se bañaba y recrearme en lo que veía. Posé mis manos sobre las suyas y empezamos los dos a recorrer cada rincón de su cuerpo, despacio, sin prisa.

Se levantó y salió del agua, se sentía tan segura, transmitía tanta sensualidad. Se contoneaba ante mi mirada, sabía que la deseaba y eso la hacía más poderosa.

A mí me gustaba verla poderosa, reina.

Me levanté y me senté en mi sillón, desnudo como estaba.

Ella me miró, de arriba abajo, descarada.

Y lentamente se acercó a mí, me besó en la boca, uno de esos besos que solo ella sabía dar, suave, intenso y es que hasta su forma de besar era especial.

Y bajó…despacio, por mi pecho, por mi abdomen, mi ombligo…¡Dios cómo me enloquecía mi reina!

Se detuvo unos segundos, los justos para mirarme a los

ojos y que viera lo mucho que me deseaba y devoró todo mi ser, con ganas, con sensualidad. Quería, así lo noté, que supiera que era mía.

Lograba sacar lo mejor de mí.

Lo que más recuerdo de esa noche es cómo me miraba a los ojos mientras la hacía mía. Su mirada decía tanto sin decir nada, que mi corazón sentía que se desbordaba por ella.

De todas las reinas habidas y por haber había entrado en el reino de mi corazón las más grande de entre todas ellas.

No habría ya distancia ni circunstancias que me pudieran separar de ella. Lo sabía.

Esa noche fue algo más que mía. Esa noche unimos nuestras almas para siempre.

Yo que en mi vida había hablado de sentimientos de amor hacia una mujer, me veo ahora desbordado por todo lo que ella me hizo sentir. Moriré el día que tenga que ser feliz, feliz como lo hizo ella.

Y pasé de la gloria de tenerla en mis brazos al desespero de no saber su paradero. En pocas horas bajé del cielo y me sumergí en el infierno de la desesperación de haberla perdido.

Esa misma mañana ella insistió en salir, quería mezclarse con la gente, quería escuchar la opinión del pueblo. Parecía algo fácil puesto que nadie la conocía todavía.

Cuando empezaron a pasar las horas y ella no aparecía, no hizo falta que nadie me lo dijera, lo intuí, casi desde el mismo momento que la vi salir por la puerta.

Y mientras mi pueblo gritaba en las puertas de palacio, mi corazón se ahogaba de desconsuelo por la incertidumbre de no saber su paradero.

Mi pueblo, mi mundo, me necesitaban, pero bien sabíamos Greg y yo, que esta vez estaba en las manos de ella.

La libertad por la que todos clamaban, esa libertad que pedían, era algo más que vivir entre barrotes, era libertad del alma. Se sentían oprimidos, tristes sin saber el porqué de sus vidas vacías. Estaba en su interior, ella sabría la manera de que buscaran y encontraran. Esta sería su victoria.

Greg intentaba calmarme, siempre tan paciente conmigo, tan seguro. Tenía dones de videncia y se transportaba en los sueños. Su magia, lo hacía estar seguro, esa magia la heredó ella, con el tiempo aprendió a usarla y sacarle todo el partido para los demás, por el bien de su pueblo.

A mí me costaba más. Aun sabiendo que tenía que confiar en él, que sus palabras no eran nunca dichas al azar, esta vez me costaba, pero era por su ausencia, la de ella, no podía pensar con claridad.

Aidil me hacía sentir que había perdido el control de mi vida, pero ahora, desde el pasar de los años, deseo para todos que encontréis a una reina como la que yo tuve en mis brazos para así poder perder el control y saber al fin lo que es el amor verdadero.

Una de esas noches en la que Aidil estaba desaparecida me quedé dormido, después de estar horas y horas pensando en la solución, en donde estaría ella, en qué podía hacer yo para ayudarla.

Me sentía inútil en mi pasividad por estar esperando.

Entré en un sueño.

La vi a ella, estaba herida, pero no se encontraba en peligro.

La vi volando como un ave de plumaje blanco, majestuosa, libre como ella siempre había soñado. Y se sumergía en unas tierras que no eran conocidas ni por mí ni por ella, ante nuestros ojos se dispuso un Reino Nuevo.

Era un lugar realmente bello, pero lo que más destacaba de él era la paz que allí se respiraba.

No me hizo falta que nadie me explicara, lo supe de inmediato, Aidil sería la reina de ese mundo y para ello se estaba preparando.

Aun sin saberlo, todo se disponía para que ella llegara al lugar correcto en el momento correcto.

Entendí que, a pesar de todo, de lo que yo estaba sufriendo, era algo que debía hacer ella. Un Reino Nuevo esperaba ser descubierto por ella, nadie más había entrado en esas tierras.

Desperté ese día y mi hijo se había acostado en mi cama, estaba conmigo.

Mi sueño era su sueño y así me lo había transmitido. Sería un chico con grandes dones.

Recuerdo cómo me miró al despertarnos.

Era muy pequeño todavía, pero me miró a los ojos con una intensa profundidad y de su boca salieron estas palabras:

—Regresare junto a ti, amor.

No sabía si llorar, reír o añorarla más.

Quería gritar que la esperaba, que confiaba en ella, que no tardara. Pero de mi boca solo salió una palabra que nada tenía que ver con lo que pensaba.

—Hazlo.

Y al mismo tiempo que de mi boca salía esa palabra, una lágrima rodaba por mi mejilla, le daba permiso, aunque ella no lo necesitaba, pero era mi manera de ayudarla.

Y en mis oídos retumbaba ahora su voz.

—Me casaré contigo, Trec.

Mi corazón murió por unos instantes.

Había perdido la noción del tiempo, si estaba soñando o estaba dormido, pero lo que no tenía duda era de lo que pasaría en las próximas horas.

Anunciarían su matrimonio ante mí.

Greg me lo explicó ese mismo día, él sabía bien que pasaba y por qué sucedía así. Intentó calmarme y si lo hice fue gracias al sueño y a Kun que se unió a mí para que no desesperara.

Está bien, yo sabía, porque así lo había visto, que todo esto sucedería y que conforme llegara se marcharía. Pero os aseguro que ver a mi amor de la mano de Trec cuando se abrieron las puertas del palacio y tener que mantenerme sentado en mi trono, esperando que anunciaran lo que ya sabía, fue duro, muy duro.

Acaso no era mi deseo correr y abrazar a mi amada, acaso no quería mirarla a los ojos y decirle que la esperaba, acaso no quería decirle solo que la amaba.

Y Trec con su sonrisa de victoria, me miraba desafiante.

Ese día entendí algo.

Trec era una pieza fundamental para nuestro futuro, sin él, tal vez jamás lo hubiésemos descubierto lo que en nuestras vidas teníamos que aprender. Él fue muy importante en nuestras vidas.

Y no sentí odio hacia él, extrañamente me salió la gratitud.

Sentí agradecimiento hacia mi hermano.

Por fin podía llamarlo así, hermano.

CAPÍTULO 3

MI VUELO CON ELLA

Y como esta historia no se trata de guerras ni de guerreros, pero sí de luchas del alma, de conocimientos ocultos y sabiduría del corazón, entendí que mi gran poder en esos momentos era perdonar a mi hermano que luchaba una batalla consigo mismo y no encontraba el camino de regreso.

Y con el perdón llegó algo más grande a mi vida.

Deje de tener miedo a lo que había temido hasta el momento.

Y supe que Aidil, libre de decidir con quién compartiría su vida, me había elegido a mí. Con todas.

Pero supe algo más grande todavía, la libertad que tanto proclamaba mi pueblo, estaba en soltar lo que más daño nos hacía.

Así pues, los dejé marchar, sabiendo que no era una despedida.

El camino que Aidil debía recorrer por sí misma la estaba haciendo aprender por la vivencia, pero yo también aprendía con ello.

Había decidido que, si ella iba a formar parte de mi vida y así lo quería, no iba a esperar quieto, esta lucha sería nuestra lucha porque juntos se avanzaba más rápido y, si ella reinaría en amor, yo reinaría en ser su mejor aprendiz.

Greg siempre me dijo que nuestras almas, la de todos los seres humanos, estaban conectadas entre sí. Entonces decidí que mi mayor ventaja era saber mucho de las leyes del universo.

Era hora de tomar acción, lucharía por mis sueños como lo hacía ella, ya que, al fin y al cabo, eran nuestros sueños. Los mismos.

Desperté ese día con la gran noticia de que ella había desaparecido.

Sabía con toda certeza que estaba bien.

Desperté ese día con la gran noticia de que mi pueblo hablaba de una leyenda que casi había quedado en el olvido.

Habían empezado a amarla sin ni siquiera haberla visto.

La reina había llegado por fin a estas tierras.

Por fin había llegado el momento de volar juntos.

Empezaba, ahora sí, la historia de Un Mundo Nuevo.

Mi reina había encontrado su camino y yo el mío al caminar juntos.

Una reina, un rey un reino.

Nuestro reino era nuestro mayor tesoro y en ello trabajamos todos los días de nuestra vida, para mantener así la llama encendida.

Y ahora, el día de su muerte, muero por dentro. Mi vida sin ella no tendrá consuelo.

Me mira con sus ojos profundos a pesar de los años y sé que me esperará donde sea que nuestras almas se vuelvan a encontrar, no habrá muerte que separe nuestros destinos.

Y veo que muere feliz por lo vivido.
Y sé que muere feliz por lo que vendrá.
Cada noche volamos juntos por un Nuevo Reino.

CAPÍTULO 4

LA HISTORIA DE MI AMOR, GRACIAS A ELLA

Porque esta historia no es una historia ni de guerras ni de guerreros, pero sí de luchas del alma y de sentimientos, quiero contar mi historia desde la mía, mi alma. Desde lo más profundo de mi ser y mi corazón.

Pienso que nacemos, cada uno de nosotros, con los destinos escritos. Pero también pienso, y esto lo es ahora después del tiempo pasado, que también podemos decidir si los cogemos o los cambiamos.

Yo me ofusqué en que quería en mi vida aquello que no había sido destinado para mí, cosa que no era nada malo,

desear más en mi vida.

Lo malo fue el modo en que lo hice.

Me crie en una familia que bien habría podido ser lo que muchos desearan. Viví en un palacio, mi padre era rey, mi madre, la que hacía el papel de madre, era reina. Un sueño para cualquiera.

Me sentí infeliz desde que recuerdo que tengo consciencia.

Quise siempre lo que mi hermano Drog tenía. Pensaba y estaba seguro de que era él a quien querían.

Y yo me quedé en un segundo plano.

Porque nadie enseña a los padres a amar a sus hijos y porque los hijos, cada uno, llevamos dentro un mundo que los padres no saben ver.

Tuve dos caminos.

El camino del bien y el camino del mal.

Está claro cuál elegí.

No supe hacerlo, ni quise escuchar a quien sí sabía.

Quería llamar la atención a toda costa, ser visible en un mundo que me parecía que no estaba hecho para mí.

Me sentí fuera de lugar, crecí pensando que no era este mi mundo y no era este mi tiempo.

Acumulé mucho odio y, claro, eso pasa factura con el tiempo.

El corazón se hace duro a los sentimientos de amor y vas pasando los días y parece que nada te puede vencer, que eres duro y fuerte.

Un hombre sin sentimientos, así no podrás ser vencido.

Pero todo es un escudo.

Y mi mundo el interior cada día estaba más infeliz, pero yo pensaba en esos tiempos que todo era por lo que no tenía y estaba seguro de que, al conseguirlo, mi vida cambiaría y reinaría la felicidad y la alegría en mi vida.

Qué equivocado estaba.

El odio que sentía hacia Drog me mataba a mí lentamente.

Me había convertido en un fiel reflejo de aquello que tanto odiaba en ellos.

La única esperanza que vi en esos tiempos fue pocos meses antes de morir mi padre, él me confesó que mi verdadera madre no había muerto.

Con ella fue con la única que podía conseguir algo de paz en mi alma.

Pero no consiguió lo que tiempo después conseguiría Aidil.

Mi renacer.

Creo que mi madre vivió todo el tiempo sabiendo que solo con la llegada de ella, de Aidil, yo cambiaría.

Mi madre era una mujer admirable, yo me sentía muy orgulloso de ella.

Sacrificó su vida, aun sabiendo cuál sería su destino, para salvar nuestro mundo.

Pero, en el fondo, viví siempre con el desespero de pensar que si las cosas hubieran sido de otro modo, yo habría sido rey.

Quería ser rey a toda costa.

Vivía por ello.

Todo en mi vida iba dirigido a ello.

Deseaba quitarle el trono a Drog.

No nacemos enseñados a vivir la vida, aprendemos por el camino, pero mi camino no fue nunca el correcto y no aprendí hasta que vino ella. Fue sin duda, mi maestra.

Quise escribir estas líneas porque creo que todos merecemos una segunda oportunidad y porque creo de verdad que a veces actuamos así porque no sabemos el camino.

Yo me sentía muy perdido y tardé mucho en verlo. Pero finalmente lo vi.

CAPÍTULO 5

DESPERTAR A LA REALIDAD

El día que secuestré a Kun, he de confesar, que me sentía desesperado, los celos se apoderaron de mí, estaba endiablado.

No veía más allá, mi mundo se había desmoronado y pensaba ciertamente, y así lo creía, que Drog era el culpable de todos los males.

Creo que hubiera sido capaz de matar al niño.

No era yo quien manejaba mis pensamientos, o tal vez sí, pero la ira no es un buen consejero, me dominaba ella.

Ella decidía mi vida por mí.

Todo lo que paso, pienso que era necesario para que yo despertara.

Fue doloroso para todos y, gracias a dios, no pasó nada que no se pudiera remediar, pero era necesario en mi vida.

Nunca lo confesé, aunque sé que lo sabían.

Amé a Aidil desde el primer día que la vi.

La amé por la esperanza de una nueva vida, la amé por la alegría que ella desprendía, la amé por su fortaleza y su valentía, pero por lo que más la amé fue por su poder de entender lo que mi alma sentía.

Fue la única que, a pesar de lo que yo le había hecho, me perdonó. Sin pedir explicación.

Fue la única que supo ver que yo era capaz de amar, como cualquier otro hombre de la tierra. Y eso me gustó.

No vi rencor en sus ojos hacia mí, nunca.

Vi esperanza.

Me vi haciendo una vida con ella, por primera vez en la vida me vi soñando en el amor sin preocuparme por el reino y por mi obsesión de ser rey.

Fueron pocos los días que duró mi alegría, pero me sirvieron para saber que podía amar, que en mí había sentimientos de amor y de querer formar una familia.

Una noche en su mundo, estando los dos juntos, durmiendo sin más, soñé con ella.

Desperté pensando que había sido real. Porque en mi vida jamás había sentido lo que en ese sueño había vivido.

Creí de verdad que había una posibilidad para mí, que el destino me la ponía a ella en mi camino porque me daba otra oportunidad.

También me creí merecedor de esa oportunidad.

Aunque eso me duró poco.

Fui yo mi peor enemigo.

Mantenía una lucha conmigo mismo, de lo que merecía y de lo que no, y casi siempre salía ganando lo más negativo.

No merecía nada, no era digno de nada, nada era para mí.

Y era yo el que me lo repetía continuamente, diariamente.

Estaba matando yo solo mis sueños, mi vida.

Pero no lo sabía.

Ahora entiendo la importancia de lo que Greg quiso enseñarme. A mí eso, en su momento, me parecían bobadas.

Cuanto tiempo perdí sin saber que la solución de mis males estaba en mí y solo en mí.

Y aunque ahora me parezca todo más fácil de llevar y entiendo por qué paso, en su momento lo pasé verdaderamente mal.

No me sentía comprendido.

En ese momento no reaccioné. Fue de regreso a Un Mundo Nuevo, el rato que caminé detrás de Aidil y de Drog, ese día vi algo en ellos que yo quería en mi vida.

Vi amor en sus miradas, pero amor del verdadero, del extraordinario.

No hacían falta las palabras entre ellos, se comunicaban con la mirada. Nunca había visto eso en nadie.

No lo he visto todavía, no conozco a nadie que se amara como lo hicieron ellos.

Pero es que ellos sabían ser uno, sin dejar de ser libres.

Moría por dentro yo en ese momento y sí pensé que había una oportunidad para mí. Ese sueño se desvaneció por completo y quise ser lo que había venido siendo, regresé a ese cuerpo que no era lo que me hacía feliz, pero era lo único conocido.

Lo demás me estaba causando dolor y era un dolor desconocido.

Preferí volver a mi dolor habitual, el odio y el rencor. Ese era conocido por mí, el dolor del amor era muy nuevo y no quería sentirlo.

De nuevo toda la rabia y el dolor que llevaba dentro se apoderaron de mí y ahora más que nunca quería apoderarme de todo lo que a Drog le pertenecía, incluido ella.

Pero con eso también me equivoqué.

Aunque me hubiera casado con ella, nunca habría sido mía. Ella lo amaba a él, su corazón le pertenecía a él.

DESPERTAR A LA VIDA

Recuerdo perfectamente el día que entre victorioso al palacio.

Me casaría con ella, deseaba ver la cara de Drog, restregarle mi victoria.

No solté su mano en todo el momento que allí estuvimos.

Necesitaba saberla mía, porque en verdad no lo era.

La mirada de Drog, la que me hizo justo cuando marchábamos ella y yo, esa mirada me atravesó el corazón.

No vi amenaza en sus ojos, no vi odio en su corazón.

Mi hermano Drog sentía lastima por mí, lo vi claramente en sus ojos y vi que sabía que ella regresaría.

Estaba seguro de que ella lo amaba, Drog tenía plena confianza en ella.

Me sentí ridículo, estaba haciendo el papel de mi vida.

La miré a ella.

Sus ojos estaban en los de él.

Su mirada decía:

—Volveré contigo, amor, confía en mí.

Después vi el perdón en los ojos de Drog.

¿Cómo se atrevía a perdonarme? Estaba robándole a su amada, lo que el más quería en la vida y él me perdonaba.

Morí en vida.

El perdón de Drog fue la muerte de Trec.

El que había venido siendo.

Necesité unos días, la dejé a ella marchar a la montaña. Sabía que ya no regresaría.

Estaba dispuesto a dejarlos vivir su vida.

Pero lo que jamás pensé es que ella regresaría a por mí.

Me abrazó con tanta fuerza, pero no es eso lo que me hizo ceder. A pesar de todo, me perdonaba y me querían en su vida.

Su amor, el que ella desprendía hacia mí, era sincero.

Me venció, gracias a Dios, me venció.

Nunca es tarde para una nueva oportunidad, todos tenemos derecho a volver a comenzar.

Aidil llegó a nuestras vidas y, con ella, el amor inundó nuestro corazón.

El día de su muerte, minutos antes de morir, quise estar con ella.

Estaba feliz por verme allí.

—Gracias, Aidil, por haberte cruzado en mi vida.

Estas palabras ya se las había dicho anteriormente, pero lo agradecía tanto que sentí necesidad de decírselo de nuevo.

—Siempre te amé, te amaré el resto de mis días.

Necesitaba liberarme, aunque sé que ella lo sabía, necesitaba decirlo en voz alta.

Como siempre, ella me sorprendía.

—Trec, eres grande en lo más has carecido, AMOR. Has sabido ser feliz, aun sin mí. Supe que habías entendido.

TE AMO TANTO QUE DESEO QUE SEAS FELIZ, AUNQUE NO SEA CONMIGO.

—Gracias a ti por cruzarte en mi vida, maestro.

Lloré desconsolado su muerte, no habría ni habrá reina como ella.

Aidil, Reina del Amor, viviría en nuestros corazones eternamente.

LA HISTORIA DE MI VERDADERO YO

Nunca fui el protagonista de esta historia, tampoco lo quise ser.

Yo nací, fui creado para hacer ver.

Mi única misión era que ella viera lo que realmente se negaba a ver.

Le dije que nos volveríamos a ver.

Así fue, aunque ella ya no lo ha contado en su historia.

Forme parte del resto de su vida.

Y hoy, en su lecho de muerte, estoy como siempre a su lado y me parece que me va ser difícil encontrar a alguien de nuevo como ella.

Así pues, decido que moriré el mismo día que ella lo haga.

La acompañaré a donde quiera que ella vaya.

Porque sé y no tengo ninguna duda, de que ella volverá a renacer, resurgirá de sus cenizas y se manifestará en otro cuerpo, pero con su esencia. Y yo, tenlo por seguro, si me buscas, estaré con ella.

No fui el protagonista de la historia, pero fui quien la acompaño en todo este tiempo.

Estuve con ella, incluso cuando ella no me veía.

En su niñez, cuando era una niña soñadora, en sus dificultades, en su camino para reencontrarse y el día que se enamoró.

Pero ella no lo sabía.

Viví esperando su despertar.

Cuando despertó, dejé de ser visible para los demás.

Ahora ya éramos uno.

Dejó de llamarme Rufos y me llamó por mi nombre, Alma.

Comenzaba así la verdadera historia de una Reina.

Nunca me fui, vivo en su interior y, cómo te dije, ella volverá a resurgir.

Debes estar alerta porque tal vez esa reina habite ahora en tu piel.

Debes saber verla y dejarla salir al exterior. La reina habita en ti.

No habido ni habrá Reina más grande que la que habita en tu corazón, se llama ALMA y está en cada uno de nosotros.

¡DEJA QUE SALGA AL EXTERIOR!

Escucha a tu alma, ella te guía con certeza.

Sacarás así lo mejor de ti.

Serás rey o reina de tu propia vida.

Y así, en tu lecho de muerte, morirás feliz como lo hizo ella.

Esto no es el final de la historia, es el comienzo de la tuya.

Con amor,

tu alma.

LAIN, LA VOZ DE TU ALMA

El día que conocí a Lain fue sin duda mi renacer.

En uno de los peores momentos de mi vida, cayó un ángel del cielo, ese ángel se llama Lain.

LA VOZ DE TU ALMA despertó en mí algo que ni yo misma sabía que estaba ahí.

La primera vez que sentí de verdad ganas de decir "gracias por la vida", fue después de asistir a un evento suyo. En mi vida he vivido una experiencia igual, es IMPRESIONANTE.

Gracias a él mi camino por la vida es ahora de felicidad.

Gracias a él ahora sé que hay una vida mejor para todos.

Gracias a él me he descubierto a mí misma y lo que valgo.

Gracias, Lain, por cruzarte en mi vida, eres mi maestro, mi mentor.

DESCÚBRELO EN www.laingarciacalvo.com.

NOTA DE LA AUTORA

Escribí estos libros con todo el amor, los escribí para ti pensando que tal vez podrían ayudarte.

Quédate así, pues, con el mensaje y aprovecha lo que hayas podido ver en él.

No te quedes quieto sin cambiar las cosas que no te gustan.

En la vida todos pasamos momentos y circunstancias que nos hacen paralizarnos, eso es por el miedo.

He descubierto que el miedo, si no lo enfrentas, cada vez se hace más grande y en tu vida aparece aquello que más temías.

He escrito este libro para aportar mi granito de arena y animarte desde la historia de la protagonista a que venzas tus miedos.

Puedes con todo lo que decidas tú que vas a poder.

Tienes que decidirlo, porque que así será, muévete.

Tengo que decirte que después de cada miedo vencido hay una recompensa, pero lo que más vas a notar es el crecimiento que te lleva cada obstáculo superado.

Crece tanto que tú seas más grande que tus miedos.

He estado estudiando y preparándome durante mucho tiempo para poder ayudarte con mis consejos, junto con mis vivencias y cómo las he superado. Han sido un gran cambio en mi vida.

Deseo ese cambio en tu vida, si es que así tú lo deseas,

puedo ayudarte.

Superar los miedos, perdonar y agradecer, ahora forman parte de mi vida. Por los resultados que voy obteniendo, estoy segura, sin ninguna duda, de que es lo correcto.

Quiero que tengas en cuenta que cada una de las líneas que digo o las palabras que te dedico, están hechas con el mayor amor de mí hacia ti, para ti.

Deseo que descubras un mundo nuevo en tu vida, deseo que aprendas a vivir de la mejor manera que existe, deseo que sepas cumplir tus sueños y que vivas la vida que quieres vivir y no la que no te hace feliz.

Por los años que viví siendo quien no quería; por las cosas que hice porque así se esperaba; y por tantos días pasados intentando sobrevivir sin pena ni gloria. Por todo ello decidí que nunca más.

El miedo al qué dirán a mí, personalmente, me ha paralizado toda la vida.

Pero ya no, dije basta.

Vivimos en un mundo en el que nuestras creencias pueden más que nuestros sueños y dejamos que la opinión de los demás encauce nuestras vidas.

NO LO CONSIENTAS.

No dejes que nadie decida tu vida por ti, sé tú el creador de tu vida.

El miedo a salir de la zona de confort por si me equivoco, por si no voy a hacerlo bien y por mil motivos más. Ese miedo está matando también tu vida.

No tengas miedo a equivocarte, hazlo y, si te equivocas, con ello te llevas un aprendizaje y sigues intentándolo hasta que lo consigas.

No se equivoca el que cae, se equivoca el que por miedo no lo intenta.

Tantos obstáculos superados y todos van encaminados

al mismo sitio: MIEDO. Pero si lo vences, van directos a la VICTORIA.

ES HORA DE SUPERARLOS.

SI TE DA MIEDO ES BUENO.

HAZLO.

Tan importante es superar el miedo como saber perdonar.

Construir una nueva vida desde el odio y el rencor no va a funcionar, caerás en el mismo error.

Perdona a las personas que te han hecho daño y ve en ellas el maestro que han sido.

Cada una de ellas apareció en tu vida para enseñarte algo.

No les tengas rencor y aprende, porque es algo que hay que aprender, a perdonar desde el corazón, con sinceridad y sin rencor.

En esta labor del perdón está el perdón hacia uno mismo, tan importante o más que el perdón al prójimo.

Perdónate a ti por todo lo que has hecho, perdónate por todo lo que te has dicho. Sí, querido lector, nos pasamos el día recordándonos lo mal que hacemos las cosas, lo torpes que somos, lo feos, gordos…

Y eso al cabo de los años es un peso que cuesta mucho arrastrar y quita años de tu maravillosa vida.

Perdónate y créete merecedor de todos y cada uno de tus sueños.

TE MERECES TODO LO QUE TÚ DESEES PARA TU VIDA.

Perdónate con sinceridad, desde dentro, DESDE EL INTERIOR.

Haz esto por ti, por tu vida, incluso perdonar al prójimo te beneficia a ti. Cada uno que cargue con su cruz.

Y TU VIAJA LIGERO DE CARGAS QUE ASÍ LLEGARÁS ANTES A TUS DESTINOS.

Yo decidí viajar libre de rencor y odio. Y es algo en lo que trabajo cada día.

Pero te digo que SÍ hay un mundo nuevo, si cambias tu pensamiento. Olvídate de los programas que nos ha inculcado la gente que ha pasado por nuestras vidas y construye tu nueva realidad.

Perdonar a alguien que te ha hecho daño es difícil si te enfocas en el dolor que te ha causado, pero yo siempre pienso "¿qué tan desgraciada será esa persona para ser capaz de causar ese dolor a alguien?".

Nadie que es feliz es capaz de causar mal a ningún ser humano.

Desde la compasión hacia el prójimo, el perdón es mucho más fácil.

Y agradecimiento.

Agradecer por lo que tenemos, que es más de lo que estamos dispuestos a ver.

Agradecer por lo pasado porque nos ha he enseñado.

Yo, personalmente, estoy segura que me he convertido en la persona que soy gracias a todo lo pasado, a las personas que en su momento pensaba que me hacían daño, con el tiempo vi que habían sido parte muy importante en mi vida. Gracias a ellos yo aprendí y evolucioné.

Por ello estaré eternamente agradecida.

Estoy tan agradecida a la vida por todo lo que me ha dado que estoy convencida de que ella se ha puesto de mi parte y quiere darme más de lo mejor.

y aun sin tenerlo todavía yo, ya se lo agradezco.

Gracias por lo pasado.

Gracias por lo presente.

Gracias por lo que viene.

QUE NADIE DECIDA TU VIDA POR TI.

Quiero insistir en ello porque sé que nos dejamos arrastrar mucho por la opinión de los demás.

QUE NO TE IMPORTE ESO, QUE TE IMPORTE TU FELICIDAD.

Y haz las cosas, sea cual sea, todo con amor. Desde el amor todo tiene éxito.

Ámate a ti.

Ama al prójimo.

Ama lo que hagas para que no sea una obligación y sí una pasión.

Desde el amor parte todo.

Da sin esperar nada a cambio.

Porque es algo que también hacemos inconscientemente, damos para recibir algo a cambio siempre, siempre.

A veces en forma de dinero, de algún objeto o en forma de piropo o aprobación.

Solemos actuar así por patrones también.

Esperamos nuestra recompensa.

Quiero decirte que no necesitas a nadie que te diga lo que vales, para eso ya estás tú, dítelo cada día hasta que lo creas.

Y si tú lo crees, YA NO HAY NADIE QUE TE PARE.

DESEO QUE SEAS FELIZ.

LO DESEO DE CORAZÓN. TU FELICIDAD ES TAMBIÉN LA MÍA.

No me queda más que darte las gracias, de corazón.

Con amor,

Lidia Vives.

PUEDES ENCONTRARME EN:

 Lidia Vives Ripoll

 lidiavivesoficial

 @LidiaVives8888

 Lidia vives